Jean-Pierre Abel

L'âge de Caïn

Premier témoignage sur les dessous de la libération de Paris

OmniaVeritas

Jean-Pierre Abel
René Château (1906-1970)

L'ÂGE DE CAÏN

Premier témoignage sur les dessous de la libération de Paris

1947

Publié par
Omnia Veritas Ltd

www.omnia-veritas.com

AVANT-PROPOS **13**

PRÉFACE **15**

CHAPITRE PREMIER **19**

    ARRESTATIONS 19

        Jeunesses 19

        Discussions 20

        Départ 21

        Morales 23

        Parenthèse 25

CHAPITRE II **28**

    À L'INSTITUT DENTAIRE 28

        Paris libéré 28

        Le P.C. Fabien 31

        Le bureau des entrées 33

        Plaidoyer 35

        Lueurs d'espoir 39

CHAPITRE III **43**

LA FAUNE ... 43

Masques ... 43
Têtes tondues ... 44
F.T.P. ... 46
Agitations ... 47
Le capitaine Bernard ... 49
Le tribunal ... 51
Destins en suspens ... 53

CHAPITRE IV ... 55

INTERROGATOIRES ... 55

Enquêtes ... 55
La vieille concierge ... 57
La femme aux bijoux ... 58
Jeunes filles ... 60
Les « durs » ... 62
La fausse émeute ... 64
La porte s'ouvre… ... 66

CHAPITRE V 70

LES TUEURS 70

Cinéma 70

Nous prenons place 71

Prisonniers 73

Louis L'Hévéder 74

Derrière le mur 76

La femme qui riait 78

Le petit Godard 80

Erckel 81

Le cordonnier 82

Et d'autres encore 85

Totaux 86

Les impudeurs 88

CHAPITRE VI 91

TORTURES ET AUTRES BAGATELLES 91

Le mal de haine 91

L'histoire de L'Hévéder *92*

« La justice du peuple » *94*

Janson coureur à pied *96*

Autres tortures *99*

La séance du 29 août *100*

Le martyre de Mme Albertini *103*

Pillages *106*

Les nouveaux riches *109*

CHAPITRE VII **112**

FAIMS 112

La faim des autres *112*

La bonne nouvelle *114*

Morphée *116*

Mon matelas *118*

Toilette *120*

Aux petits soins… *123*

Deux bonnes histoires *124*

Encore des nouvelles *126*

Du tabac à la servitude *128*

Enfin manger... .... *131*

Sonia *133*

La grande pitié des ventres *134*

CHAPITRE VIII **139**

« DURS » ET « MOUS » 139

Histoire *139*

Le soir du 5 septembre *142*

Triage *148*

Les « mous » *151*

Deux incidents *155*

Délivrances *161*

CHAPITRE IX **163**

LE CAMP DE DRANCY 163

Commissariats *163*

Autres tortures *167*

    Les F.T.P. rôdent.. **179**

    La cour des Miracles **184**

    Liberté, liberté chérie… **189**

CHAPITRE X... **194**

LA POLICE ENQUÊTE.... .... **194**

    Encore la police.. **194**

    Prudences.. **195**

    Photographies **197**

    Révélations **199**

    Visages innocents **200**

    Et d'autres visages… **203**

CHAPITRE XI.. **206**

LA GRANDE TRAHISON **206**

    Tuer… **206**

    Communistes.. **207**

    Peurs de bourgeois... **209**

    Machinisme **212**

Machiavélisme 213

Tyrannies 215

La paix 217

Ils nous ont « donnés » 219

CHAPITRE XII **225**

LA GRANDE RÉACTION 225

Réaction 225

L'état et l'individu 228

La masse et le moi 234

Les idéaux et les hommes 241

Déjà parus 249

Jean-Pierre Abel

AVANT-PROPOS

Il y aura bientôt plus de deux ans que nous avons pour la première fois, reçu le manuscrit de ce livre. Jean-Pierre Abel ne nous l'avait confié que pour savoir de nous ce que valait le travail auquel il venait de consacrer toute une année. Nous avons beau eu, après lecture, lui dire combien ce manuscrit nous avait ému, combien il était digne d'être publié, combien il serait utile qu'il le fût, pour étaler la vérité à tous les yeux. Jean-Pierre Abel craignait trop pour sa femme et pour son fils, et il ne voulait pas, même sous le voile de l'anonymat, risquer de les exposer à de nouvelles tortures, matérielles ou morales.

« Vous publierez plus tard, nous disait-il, quand la liberté sera revenue, quand il n'y aura plus de danger pour eux. »

Aujourd'hui, Jean-Pierre Abel est mort. Il est mort avant que la liberté soit revenue, toute entière, ou du moins avant qu'elle soit à l'abri de toute menace. Mais son épouse tient à ce que ce manuscrit soit publié, car il lui semble que c'est une espèce d'héritage vivant, qu'elle n'a pas le droit de garder pour elle seule. Nous comprenons et respectons ses sentiments. Nous avons seulement tenu, malgré elle, à ne pas rétablir, en première page, le vrai nom de l'auteur. Il ne nous semble pas, en effet, que les temps soient encore si sûrs que Jean-Pierre Abel, s'il était encore parmi nous, eût voulu courir cette chance. La cruauté et la vengeance rôdent encore trop en Europe, et sans doute n'eût-il pas voulu y exposer le nom que portent sa femme et son fils.

JEAN–PIERRE ABEL

PRÉFACE

Ce livre n'est pas un roman. Je ne fais qu'y conter des événements dont j'ai été le témoin, bien malgré moi. Sans rien cacher, sans rien changer, sans rien forcer. Les circonstances sont donc des circonstances réelles. Les hommes sont des hommes réels, hélas !... Leurs actes sont bien les actes que réellement ils ont commis, comme réellement ils les ont commis. Et je donne les vrais noms, ou, à défaut, les surnoms qu'officiellement ces hommes se donnaient, pour cacher leurs noms...

D'ailleurs, qui voudrait vérifier cette histoire n'aurait qu'à interroger les autres témoins que je nomme aussi et qui l'ont vécue avec moi. Ceux du moins qui survivent... Mais les morts témoigneraient encore, par tout le sillage de douleur et de vide qu'ils ont laissé derrière eux... Enfin, il doit y avoir, à la Police Judiciaire, tout un dossier établi par le cabinet de M. Pinault, commissaire de police, et, en particulier, par MM. Berthomé et Deschamps, inspecteurs de la brigade criminelle, et on y trouverait toutes les confirmations sur les événements de l'Institut Dentaire.

Le lecteur m'excusera seulement de n'avoir pas donné mon vrai nom, à moi. Il comprendra mes raisons, qui sont de prudence. Car ce livre n'est pas un roman, et les terreurs que j'y conte ont été si réelles qu'elles ne sont pas encore écartées de nous... J'ajoute que mon nom importe peu. Il n'est qu'un nom entre autres, entre les centaines des milliers de noms des hommes et des femmes qui ont vécu la « Libération » comme je l'ai vécue, et qui vivent la Quatrième République comme je la vis, partout où il y a des terrés, des torturés, des terrorisés, partout où il y a des hommes qui vivent el ne peuvent paraître, qui pensent et ne peuvent dire, partout aussi où il manque des hommes qu'on aimait et dont il est défendu de pleurer et de célébrer la mémoire comme on fait pour des morts. Et si tu veux, ami lecteur, je me donnerai un nom qui leur conviendrait à tous, à tous les milliers des autres. Ce nom, c'est Abel, tel qu'il est dit dans la Genèse, Abel qui souffre et qui meurt par la haine qui est dans le lot humain, Abel qui renaît à chaque génération, pour mourir encore par la grande haine réveillée et rouge... Et il n'est pas étrange que, sorti encore une fois des ombres, l'éternel Abel te parle, ami lecteur, de l'éternel Caïn.

A.

Et Dieu dit : « Qu'as-tu fait ?
La voix du sang de ton frère crie de la terre jusqu'à moi. »
(Genèse.)

JEAN–PIERRE ABEL

CHAPITRE PREMIER

ARRESTATIONS

JEUNESSES

C'est le 30 août qu'ils m'ont arrêté... Il était midi passé, et je regagnais, avec ma femme, notre appartement. Jacques ne parut pas à la fenêtre, d'où il nous guette, à l'ordinaire, et d'où il nous fait accueil, à grands gestes de ses petits bras. Mais ils étaient quatre ou cinq à m'attendre sous le porche. Quatre ou cinq de dix-huit à vingt ans, avec des brassards sales et l'arme au poing. Des F.T.P. L'un me braqua sa mitraillette sur le ventre, dangereusement. « Monsieur Abel, n'est-ce pas ? - Oui.

- Eh bien ! montez, et pas un geste, ou je vous abats. » Nous montâmes donc. Deux F.T.P. devant, deux F.T.P. derrière, et un revolver, duquel s'épouvanta ma femme, sur ma nuque. Tel fut le cortège. L'escalier était désert. Même ma concierge n'osa se montrer.

Ils étaient trois ou quatre autres qui attendaient chez moi. Dans l'antichambre, un jeune nègre, de quinze ans tout au plus, était confortablement assis. Il contemplait sa mitraillette, avec des yeux de béatitude. Et tous, maintenant rassemblés autour de nous, ressemblaient assez à une équipe de scouts, qui eût joué au jeu des gendarmes. Jacques, qui n'a que treize ans, paraissait à peine leur cadet. Ils le laissèrent nous embrasser, et je sentis qu'il tremblait de tout son corps. Car, tout de même, ce n'était pas un jeu. Je demandai pourquoi l'on m'arrêtait. Et ils ne purent répondre. Ils avaient des ordres, dirent-ils. Et le fait est, comme j'ai su depuis, que ces jeunes gens m'ont arrêté sans savoir qui j'étais, sans savoir quoi me reprocher. Même leur chef, qui vint après, savait seulement, par ouï-dire, que j'avais fait quelque action syndicale, après 1940. Il avait décidé de m'arrêter, sur cette seule présomption. Et je parie qu'aujourd'hui il ignore encore ce que j'ai fait, ce que j'ai écrit, et ce que j'ai subi, moi aussi, sous l'occupation. Il ne s'était point embarrassé de vaines enquêtes. Trop heureux qu'il était de jouer au capitaine et de faire manœuvrer ses mitraillettes, ses jouvenceaux, son petit nègre. Je fus, malencontreusement, une occasion à lui offerte d'étrenner ses galons neufs, d'essayer sa jeune autorité. Et des milliers nous fûmes, ainsi, qu'on a arrêtés par les chemins et par les rues, au hasard, sur de vagues bruits, sur des propos de concierges. Arrêtés sans mandat, bien entendu. Et parfois abattus sans quartier. Car tout de même, ce n'était pas un jouet qu'il contemplait avec des yeux de béatitude, le petit nègre...

DISCUSSIONS

Mais le pire, ce fut bien quand je compris qu'ils arrêtaient ma femme, elle aussi. À vrai dire, Jeanne voulut m'empêcher de protester. Elle est ainsi faite que le plus grand malheur, pour elle, est de ne pas partager mes maux. Mais je protestai pourtant. Je soutins que le fait d'être ma femme ne pouvait être retenu comme un crime. Enfin je voulus leur faire honte d'arracher, sans motif, une mère à son fils. Mais, vraiment, j'étais bien loin du compte, car ils répondirent qu'ils emmèneraient aussi le fils et qu'il ne serait point, ainsi, séparé de sa mère. Du coup, la mère se jeta dans la bataille, passionnément. Elle supplia, elle exigea que Jacques fût laissé à la maison. Elle fut éloquente, pathétique à souhait. Je fis, de mon côté, remarquer qu'il y aurait quelque difficulté à justifier l'arrestation d'un enfant de treize ans. « Il n'y a pas apparence, dis-je, qu'à cet âge, Jacques soit un collaborateur bien dangereux. »

La discussion fut longue, et chaude. Les F.T.P., visiblement, répugnaient à ne pas arrêter toute la famille. L'un d'eux fit mine de prendre les intérêts de l'enfant. Il demanda ce que deviendrait Jacques, après notre départ. Il voulut nous persuader que le mieux serait de l'emmener avec nous, plutôt que de l'abandonner à lui-même. Mais je fus meilleur avocat. Une voisine comparut. Elle s'engagea à garder Jacques, provisoirement, et à prévenir notre famille, en province, qui se chargerait de lui. Enfin il fut expliqué, en détail, que Jacques ne manquerait de rien, qu'il retournerait normalement à l'école, dès la rentrée, et que les F.T.P. n'avaient pas à trop s'inquiéter de son sort. Ces arguments avaient du poids. Les F.T.P. en convinrent, d'assez mauvaise grâce. Ils promirent que Jacques serait laissé aux soins de la voisine. Mais de l'arrestation de ma femme, après cette alerte, je n'osais plus parler. C'était déjà beau d'avoir sauvé Jacques. Point ne fallait revendiquer trop. D'ailleurs Jeanne, maintenant rassurée quant à son fils, était toute heureuse de me suivre. C'est une femme de rare espèce, qui prétend qu'elle respire mal loin de moi...

DÉPART

Il nous fut permis, après cela, de déjeuner, avant de partir. Et nous nous retrouvâmes, pour la dernière fois, tous les trois autour de notre table. J'avoue que j'avais faim. Et j'aurais mangé deux fois pour une, si j'avais su ce qui m'attendait. Jeanne et Jacques ne mangèrent que du bout des lèvres. Jeanne était trop nerveuse pour s'intéresser au repas. Et, quant à Jacques, son petit univers s'écroulait. C'est un enfant qui a des joliesses et des grâces de fille. Nous l'avons aimé sans retenue. Chacun de nous deux reproche bien à l'autre d'être trop indulgent, mais lui, il désarme nos essais de sévérité par une confiance et par un amour si limpides que tout, à l'ordinaire, se résout dans une embrassade générale, tous les trois blottis les uns dans les autres, avec, à la ronde, des baisers qui ne peuvent finir. Dans mes heures de gravité, j'avais coutume de dire à ma femme que Jacques pâtirait d'être tant gâté et qu'il aurait de la peine à passer le temps d'épreuve qui vient toujours. Je croyais même à ces pédantes paroles, ce qui était manquer de foi dans notre enfant, comme j'ai enfin compris. Et, pendant ce dernier repas, je guettais le petit visage, et je m'épouvantais de ses yeux secs et subitement cernés, où fuyait un regard d'épouvante. J'osais à peine parler, de peur de faire crever tout un désespoir enfantin. Jeanne, non plus, ne disait mot. À peine une main, parfois, serrée par une autre main, jusqu'à faire mal, et c'était tout...

Pourtant nos jeunes gens, qui attendaient leur chef, ne troublèrent point notre repas. Nous les entendions seulement rôder dans l'appartement, ou se redire entre eux leurs mots d'ordre, dont le principal était de guetter ma porte et les visiteurs éventuels, car il était décidé d'arrêter tout individu assez imprudent pour me marquer quelque amitié. Le petit nègre nous surveillait de l'antichambre, assez pacifiquement et toujours contemplant sa mitraillette, avec une béatitude inaltérée. Mais tout changea quand survint le chef. C'était un dur, évidemment. Et il le fit bien voir, par l'ordre de nous hâter et par des ricanements qui ne disaient rien de bon. Je demandai à prendre un manteau dans le couloir, à dix pas de la salle à manger. Mais il ne me fut permis de faire ces dix pas qu'avec un revolver dans le dos. Ensuite, ce furent les adieux. Jacques faisait le brave, et il nous embrassa d'abord sans pleurer. Mais il eut le tort de dire, assez haut, à sa mère :

« Maman, dis, tu reviendras bien ce soir ? » Sur quoi le chef rit d'un vilain rire, qui faisait mal, et il dit : « Vraiment, le gosse, tu crois encore au Père Noël ! Moi aussi, je suis parti, et j'y suis resté quatre ans... Tu peux toujours attendre ! » Alors Jacques éclata en sanglots. En sanglots d'autant plus douloureux qu'il essayait de les contenir, devant nous, pour ne pas nous faire de la peine, et devant eux, pour qu'ils n'eussent pas joie de sa peine. Il a tout de même du courage, notre petit. Nous l'avons laissé là, avec ses maigres épaules, qui sautaient à des hoquets.

MORALES

Nous l'avons laissé là... Mais ils nous avaient menti... Après notre départ, ils ont gardé Jacques à vue, tout l'après-midi. Le petit nègre fut son gardien et, quand Jacques voulut descendre chez le concierge, le petit nègre le suivit, le tenant au bout de sa mitraillette, avec l'ordre de tirer si l'enfant cherchait à fuir. Ils ont interrogé Jacques, interminablement, sur moi, sur mes amis, mon activité. Jacques, interminablement, a répondu qu'il ne savait pas, qu'il ne savait rien. Car il est têtu, aussi, et il n'est point sot. À la fin, ils se sont lassés. Mais ils lui ont fait de la morale. Ils lui ont demandé s'il aimait sa patrie. Ils l'ont encouragé à bien l'aimer. « Tu comprends, ont-ils dit, il ne faut pas que tu sois comme ton père. Ton père est un criminel, un grand criminel. Il a torturé des femmes. Il a tué des enfants. Il a fait beaucoup de très vilaines choses que tu comprendras plus tard. Il faut que tu l'oublies. Il faut que tu sois un bon Français. » Oui, ils lui ont dit cela. Ils ont eu l'atroce stupidité de lui dire cela, de dire n'importe quoi pour me salir aux yeux de mon enfant. Jacques m'a tout raconté, depuis... « Tu sais, m'a-t-il dit, tout serré contre moi, tu sais, papa, moi, je faisais le bon apôtre, je ne disais rien, mais je n'en pensais pas moins ! » N'y pense plus, mon petit, ne te souviens pas trop. Oublie, maintenant. Retrouve tes jeux, ta joie. Sois un enfant. Sois mon petit enfant, avec des yeux purs. Oublie. Il ne faut pas qu'ils t'aient laissé, dans l'âme, de la semence de haine...

Ils l'ont enfin laissé à lui-même, dans un coin. Et ils ont commencé, devant lui, la besogne pour laquelle, la plupart, ils étaient là. Autrement dit, ils ont entrepris le pillage de mon appartement. Jacques, au cours de l'après-midi, a vu sans relâche passer des valises, des malles pleines de linge, de vêtements, de livres, de tout... Après la leçon de morale, ils lui ont donné ce spectacle, impudemment... Mais sans doute ont-ils, à la longue, été gênés par le silence de cet enfant, qui regardait. Un enfant, tant c'est faible, cela a des yeux qui jugent intolérablement. Alors ils ont recommencé entre eux, à discuter sur le sort de Jacques. Et Jacques écoutait... Il n'était plus question de le laisser à la garde de la voisine. Il a entendu quelques-uns qui proposaient de le mettre à l'Assistance Publique. Il a même entendu cette phrase : « Il souffrira, à l'Assistance. Un fils de criminel, il faut que ça souffre... Cela lui fera du bien ! » Finalement, l'idée de l'Assistance fut abandonnée, je ne sais pourquoi. On se rabattit sur une solution plus simple, qui fut, dans la soirée, de jeter Jacques à la rue, tout carrément. La brave voisine osa intervenir, pour que Jacques emportât du moins quelques vêtements. Et elle obtint ces petites choses, dont elle fit un paquet. De son côté, Jacques, profitant de la discussion, pensait à nous. Il enlevait, dans le dos des F.T.P., quelques boîtes de nos conserves. « C'est, dit-il à la voisine, pour envoyer à papa et à maman, dans leur prison. » Les conserves furent donc jointes au paquet. Et Jacques est parti, tout seul, ses hardes et ses boîtes sur le dos... Tout seul, il a, le petit, traversé tout Paris, à pied, de notre maison à l'autre bout de la ville, vers des amis que, par bonheur, il savait habiter là, et qui l'ont recueilli. Il est arrivé à la nuit, avec des yeux immenses et courbé comme un petit vieux. Il a tout raconté, avec des mots qui sortaient enfin, pressés, passionnés, bégayants. Et il répétait : « Il faut faire quelque chose pour mes parents. Il faut faire quelque chose pour les sauver ! » Pendant des jours, il a répété ainsi, à tous les amis qu'il a pu voir, qu'il fallait faire, quelque chose pour nous sauver... Il ne disait plus que cela... Notre tout petit, tout seul, à travers Paris, avec son baluchon sur le dos... Il y a tout de même des choses qu'on ne pardonne pas.

PARENTHÈSE

... Mais si !... Qu'ai-je écrit ? Pourquoi ne pardonnerais-je pas ? Certes, je ne suis pas catholique, moi. Je ne crois pas en Dieu. Mais je crois dans l'homme... Et il faudrait, pour ne pas pardonner à l'homme, imaginer en lui je ne sais, quelle possibilité diabolique de changer, volontairement, toute sa substance en du fiel. Il faudrait qu'il eût le pouvoir de se corrompre, consciemment, du dedans, et de rester pourtant lui-même, dans cette corruption. Mais je ne crois pas à ces alchimies d'enfer. Je crois dans l'homme. Et quand je le vois saisi de haine, ardent à tuer, ivre de torturer, comme je l'ai vu, comme je l'ai trop vu, pendant ces années, je pense seulement que, pour un temps, on lui a engourdi l'âme, à force de souffrance ou à force de mensonge. Je le vois apparemment en éveil, la bouche pleine d'insultes, le bras chargé de coups, mais je sais bien qu'il dort, tout au fond de lui. Je le vois méchant, mais je le sais malheureux.

Je n'ai eu aucune peine, pendant soixante-seize jours de détention et d'abominable spectacle, à me retenir de haïr tous les tourmenteurs. J'ai fait constamment effort pour retrouver en eux quelque levain d'humanité. Oui, même quand ils avaient tué, férocement, même quand ils avaient ri aux plaintes, aux râles, même quand ils avaient brûlé des pieds, arraché des ongles, écrasé des ventres ou cassé du verre dans des vagins. Et j'ai presque toujours, du moins par éclairs, retrouvé l'homme en eux. Je ne les hais donc pas. À peine veux-je mépriser quelques chefs, qui, pour la plupart, n'ont même pas l'excuse d'avoir eu leur part enivrante de douleur, et qui sont des politiques de l'espèce froide, je veux dire par là des hommes d'abord habiles avec eux-mêmes, qui ont l'art d'ignorer le détail de ce qu'ils ont commandé et de n'être attentifs qu'à ce qu'ils veulent, sans s'informer des horreurs par où leur route doit passer. Disons un Bayet, si vous voulez... Mais je n'ai pas, je ne veux pas avoir de haine.

Ou plutôt je ne hais que la guerre. Je ne hais que cette bouleversante alerte parmi les hommes, qui les rend tout étrangers à eux-mêmes, qui les vide de leur raison, de leur pitié, qui les place dans une telle vacance de la Loi et des meilleures coutumes que tout acte, soudain, devient possible, même celui qu'ils n'auraient pas voulu... Et si je conte, maintenant, de tels souvenirs, ce n'est point par rancune, ce n'est pas pour me venger de ce que j'ai vu, de ce que j'ai subi, en publiant, inexorablement, comme je l'ai vu, comme je l'ai subi. Non, je vise plus haut. J'écris pour vous, les F.T.P., les F.F.I., les guerriers, et même pour le petit nègre. J'écris pour vous donner, exactement, l'image de ce que vous avez été, du temps où vous étiez obscurcis, au dedans de vous, par la guerre, par ses fumées. Pour que vous réfléchissiez sur cette image. Pour qu'enfin, durablement, vous vous vouliez autres, comme au fond vous êtes. Et pour que vous vous retrouviez vous-mêmes, confrontés à cette image, et ne vous reconnaissant plus...

CHAPITRE II

À L'INSTITUT DENTAIRE

Paris libéré

Ils nous emmenèrent donc, ce 30 août... Une automobile attendait en bas. Nous y fûmes introduits avec des précautions extrêmes, et tous revolvers braqués, comme si nos F.T.P. avaient craint une folie subite, une fuite à toutes jambes. Assis, j'eus à me tenir droit, et très exactement immobile, sous la menace d'un revolver à nouveau caressant ma nuque. Jeanne s'indigna. Elle dit que je n'étais pas un malfaiteur, un criminel. Mais le chef ne laissa pas déprécier sa marchandise. Il me tenait, il voulait me tenir pour une prise de choix. Et, visiblement, tous ces jeunes ne voulaient point descendre des hauteurs dramatiques où ils s'étaient juchés. Il leur fallait de l'exceptionnel, de l'héroïsme très pur ou de la trahison très noire. Ils n'acceptaient rien qui fût ordinaire, qui fût entre les deux. On sait, par exemple, qu'ils veulent avoir libéré Paris à eux tout seuls, avec leurs petits revolvers, avec leurs petites barricades, et qu'il ne faut rien dire du rôle, pourtant un peu décisif, que les chars américains ont joué dans l'opération. Pareillement, nos F.T.P. faisaient de mon arrestation un exploit d'importance, et il convenait à leur honneur que je fusse quelqu'un de redoutable, un vendu notoire, un collaborateur avec un K. L'un d'eux même se tenait à genoux sur l'une des ailes de l'automobile, braquant une mitraillette féroce vers une menace invisible, comme s'il y avait eu chance que toute la Cinquième Colonne, soudain, se levât pour moi, d'entre les pavés...

Nous allions, dans cet appareil, vers des destins inconnus. Et tout Paris, sur la route, claquait de drapeaux... Paris fêtait sa libération... Cette fête me fit penser un peu. Et je pensais que les braves gens que je voyais au passage, joyeux sur les trottoirs, devaient s'imaginer qu'ils étaient au bout de leurs peines, au bout des horreurs. Ils devaient attendre le charbon, le chocolat, le pain blanc, et toutes les gâteries. Pour le moins, ils devaient ne plus penser aux fusillades, aux tortures, aux camps de concentration que comme à un mauvais souvenir d'un temps déjà ancien. Car l'espèce des hommes est incorrigible. Elle, espère toujours que les mêmes causes auront d'autres effets. Elle est comme ce mort aux Enfers, dont je ne sais quel littérateur conte l'histoire, et qui eut, avant de revenir sur terre dans une autre carcasse humaine, à choisir le métier qui serait le sien dans une seconde vie. Or ce mort, pendant la première vie, avait été un voleur, et, comme il convient à cet état, il avait été traqué, pris, battu, emprisonné, torturé, pendu.

Mais il choisit pourtant d'être voleur une seconde fois. Car il espérait qu'en s'y prenant mieux il échapperait aux conséquences. L'humanité est comme cela. Nos badauds venaient de faire la guerre, et, comme il est dans le lot de la guerre, ils avaient été affamés, volés, violés, tyrannisés, torturés, fusillés. Or il était clair que les Allemands partis, ce ne serait point la paix. Ce serait une autre guerre, à mener jusqu'à la victoire. Mais les badauds ne doutèrent point que la guerre, désormais, irait tout autrement. Ce serait une guerre avec du ravitaillement, avec de la justice, avec de la liberté !... Enfin, un amour de guerre, une guerre des « Contes Roses »... Hélas, il ne leur fallut pas longtemps pour apercevoir que la guerre était toujours la même, et que ses effets étaient toujours les mêmes, malgré tout un changement de guerriers. Et j'espère, sans trop y croire, que les Français auront compris quelques vérités. Comme celle-ci, à savoir que toute guerre, quelle que soit l'armée qui campe sur le territoire, est toujours une « occupation » des civils par les militaires, avec les réquisitions, les brimades et les pillages qui s'ensuivent. Ou comme celle-là, à savoir que toute guerre, quels que soient les Pouvoirs, est toujours contre la vérité, ce que prouve la censure, et contre la liberté, ce que prouvent les camps de concentration, et contre la justice, ce que prouvent les exécutions sommaires... Et je dis bien toute guerre. Non point telle ou telle guerre, faite par tels ou tels.

Mais toute guerre, faite par n'importe qui...[1] En ce mois de janvier 1945, où je commence à écrire mes souvenirs, je vois que déjà beaucoup de mes concitoyens se rapprochent de mon idée. Ils découvrent qu'il n'y a pas plus de charbon qu'avant, qu'il n'y a pas plus de beurre ou de viande qu'avant, et même qu'il n'y a guère plus de pitié, guère plus de justice, guère plus de République qu'avant... Vont-ils comprendre, enfin, que c'est la guerre qui prend tout ?

---

[1] Pourtant, je dois à la vérité d'atténuer un peu. Des cruautés, des tortures, des tueries telles que celles que je vais conter n'ont presque jamais été le fait des Américains et des Anglais, après le débarquement. Elles ont, de 1941 à 1945, et de l'ouest à l'est, été le triste monopole des combattants de notre vieux continent. Et j'en tire une peine et une joie. Une peine, car je tiens, par toute ma chair, à ce vieux continent, et je n'aime pas à en avoir honte. Une joie, car je puis toujours espérer dans l'homme, puisqu'il est encore des peuples qui n'ont pas la maladie de la haine.

LE P.C. FABIEN

Mais, continuons... De ces réflexions, il va de soi que je ne fis que quelques-unes, comme ils nous emmenaient. Car j'étais encore naïf. Je n'imaginais pas que nous allions vers des injustices, vers des cruautés qui ne le céderaient en rien au temps des Allemands. Par exemple, je pensais, avec mes ornières d'esprit, qu'au bout de la route je trouverais une vraie prison, de vrais juges, comme au temps républicain. Et, naïf, je le fus assez pour demander quel mandat on avait contre moi. Ma question heurta un tel silence que, du coup, je fus pris de soupçon. Et je demandai s'il y avait un mandat. Sur quoi l'un des F.T.P. me répondit, se croyant fin : « Et qui vous dit que parmi nous il n'y a pas un agent en civil, avec un mandat ? » Je n'en demandai pas plus. J'avais compris. Il n'y avait pas de mandat. Je n'en ai jamais vu un. Et nous sommes ainsi des milliers qui avons été arrêtés par des bandes irrégulières, sur l'ordre des partis ou sur la dénonciation des particuliers. Des milliers qui, pendant des mois, avons traîné dans les camps ou dans les prisons, sans que la justice légale de notre pays eût donné l'ordre de nous mettre là. Et tout mêlés à une tourbe de tueurs, de dénonciateurs, de mercantis qui avaient trafiqué avec les Allemands, ou de filles qui avaient couché avec eux... La justice ne s'est préoccupée de nous que lorsque nous avons été trop, que lorsqu'il y a eu trop de protestations contre d'incroyables abus. Alors, pour donner une apparence légale à la chose, on a rédigé en toute hâte des centaines et des centaines d'ordres d'internement qui, pour la plupart, dataient de deux ou trois mois après la date de l'internement réel. Ou bien on a fait quelques efforts pour accélérer la libération des détenus par trop innocents. Mais, parmi ceux qui, arrêtés en août, ne sont sortis des camps qu'en décembre ou qu'au printemps, sans avoir su les raisons de leur aventure, il en est beaucoup qui remâchent des haines, maintenant. Et c'est un nuage sur l'avenir...

Moi, je n'en étais qu'au début. Et j'allais en voir bien d'autres... L'automobile s'arrêta enfin. Mais, à la place du commissariat de police ou de la prison où je croyais aboutir, je vis que je me trouvais dans l'avenue de Choisy, devant l'Institut Dentaire. C'est un bâtiment de style moderne, en briques rouges. Il a été fondé par un Américain, du nom de Eastman. Et, avant-guerre, on y apprenait à arracher des dents... Mais il était dans le destin de cet établissement de connaître d'autres chirurgies. Les F.T.P. l'ont occupé en août 1944, prenant la suite des Allemands qui y avaient installé je ne sais lequel de leurs services. Et, pendant près d'un mois, l'Institut Dentaire a été, sous le nom du P.C. Fabien, l'une de ces prisons privées qui ont pullulé en France, après la Libération, et où des bandes sans caractère officiel ont torturé et fusillé en toute impunité, réglant des comptes personnels ou partisans dans lesquels la justice n'avait pas grand'chose à voir. Je sais, par exemple, la fenêtre du second étage d'où a sauté un jeune homme que la torture rendait fou, et qui s'est en tombant brisé les jambes si cruellement qu'il a crié toute la nuit, avant d'être fusillé sur un brancard, au matin. Je sais, dans les jardins, dans les beaux jardins, où il fait si bon respirer, le pan de mur sur lequel on retrouvait des morceaux de cervelle éclatée, après la salve des mitraillettes. Je sais par où on descend aux caves, à de sinistres caves dans lesquelles quelques-uns de mes compagnons de misère ont été envoyés en corvée, pour essuyer du sang... Oui, j'en ai quelques souvenirs, de l'Institut. Et jamais je ne pourrai le revoir comme je l'ai vu, dans ce 30 août où, du dehors, il paraissait un brave bâtiment sous le soleil, humant la lumière par tout un peuple de fenêtres, et construit, visiblement, pour les aises, pour la douceur des hommes...

LE BUREAU DES ENTRÉES

Nos gardiens nous poussèrent à travers des couloirs. Nous vîmes, en passant, des salles d'études, claires, et presque luxueuses, avec des fauteuils, de larges fenêtres. Par une grande baie, le jardin nous apparut, avec ses massifs, avec ses allées, avec sa pièce d'eau. Non, ce n'était vraiment pas une prison... Notre but était un vaste vestibule, dallé et coupé par de grosses colonnes. Au fond était une porte, avec de doubles battants, par où ne filtrait aucun bruit. Nous devions apprendre, plus tard, que derrière cette porte cent cinquante prisonniers étaient immobiles, et que c'était d'eux que venait tout ce silence... À gauche de la porte, il y avait une espèce de bureau, derrière un grand guichet par où on apercevait quelques tables et quelques hommes. Nos jeunes gens nous firent entrer dans ce bureau, et dirent : « Regardez, voici de nouveaux pensionnaires ! » Et de rire... Les autres, dans le bureau, rirent aussi. Ma femme et moi, seuls, étions sérieux.

Je dois dire, pourtant, que les habitants de ce bureau ne nous parurent point trop féroces, Nous commencions par les meilleurs, comme si on avait voulu nous ménager des transitions. Au fond trônait un capitaine, de la promotion spontanée qu'a fait surgir la Libération. C'était le capitaine Rivier. Un homme d'une cinquantaine d'années, bon vivant, aimant la gaudriole, et par-dessus tout très épris de s'entendre parler. Un communiste de l'ancienne espèce, qui avait peine à se mettre à la mode de haine et chez lequel, très souvent, j'ai vu reparaître l'humain. À côté siégeait un tout petit vieux, maigre, chauve, avec des airs de rat, et qu'on eût pris pour le premier clerc d'un notaire provincial. Celui-ci surtout avait de la difficulté à prendre une mine sévère. Il s'y essayait pourtant, assez comiquement. Dans un autre coin, rêvassait une dactylographe de l'espèce molle, de teint pâle, assez jolie, et qui se révéla, par la suite, une très bonne fille. Enfin, sur un banc, près d'une fenêtre, trois F.T.P. étaient de garde, harnachés en guerre, et ils nous dévisageaient avec un air blasé. Il est vrai qu'ils avaient vu passer du monde, depuis la mi-août. D'ailleurs, ils étaient bien empêchés de tuer le temps dans des conversations, car, si l'un était Français, l'autre était un déserteur allemand, et le troisième était un Polonais, de telle sorte que le trio s'ennuyait ferme, et se préoccupait surtout de trouver des cigarettes, pour pouvoir du moins fumer.

Le clerc de notaire, dont c'était l'office, entreprit de nous fouiller. Il le fit en grommelant, en fronçant les sourcils, et il me disait à l'oreille : « Si ce n'est pas malheureux, tout de même, d'en voir encore un comme ça, qui a trahi ! » Mais il n'avait pas le ton. Il avait l'air de me faire une remontrance paternelle. D'ail- leurs, il ne portait point d'arme, et c'était neuf, et réconfortant. Je ne l'ai jamais vu en porter. Il devait en avoir peur... Il nous confisqua cependant tout ce que nous avions dans nos poches : portefeuille, porte-monnaie, stylographes, et mon tabac, et nos bijoux, sans compter le sac de ma femme. Mais, pour cela encore, il n'avait pas la manière. Il ne savait pas palper dans les coins, comme font les spécialistes. Il ne vit point ma montre-bracelet, sous ma manche. Et, si j'avais glissé quelque objet dans mes chaussettes, dans mes souliers ou derrière le ruban de mon chapeau, comme j'ai appris à le faire, par la suite, il n'y aurait vu que du feu. Il m'a fallu faire connaissance avec les agents, dans les commissariats, pour savoir ce qu'est une vraie fouille... Le clerc de notaire nous confisqua donc tout ce qu'il put découvrir, et il se mit en mesure de tout noter, laborieusement. Car, nous expliqua-t-il : « Nous ne sommes pas des Allemands, nous ... Nous ne sommes pas des voleurs. Tout vous suivra... N'ayez crainte, nous ne prendrons rien ! » Pourtant nous avons eu de la chance, dans la soirée, d'obtenir d'eux la permission de reprendre quelques-uns des objets saisis, et d'en reprendre, en cachette, plus qu'ils ne l'avaient permis. Plusieurs semaines après, quand on nous emmena ailleurs, il ne restait plus d'argent dans le sac de ma femme, ni aucune trace d'une gourmette en or qu'on lui avait fait quitter. Mais je ne veux pas croire que le clerc de notaire y ait été pour quelque chose. Ç'est plutôt le Polonais, qui s'ennuyait trop...

PLAIDOYER

La fouille terminée, je comparus devant le capitaine Rivier, pour un premier interrogatoire. Jeanne, à mes côtés, joua les rôles muets. On n'avait point à l'interroger, puisqu'elle n'était là qu'en qualité de ma femme. Et je fus seul sur la sellette. Le capitaine le prit d'assez haut. « Vous savez, dit-il, pourquoi vous êtes ici ? » Et de commencer tout un discours sur la Patrie, sur la trahison, qui menaça de ne pas finir. J'eus peur de ce verbe. Le capitaine, évidemment, était de l'espèce moralisante, et, si je le laissais faire, il allait parler tout seul tout le temps, ce qui est un mauvais procédé d'instruction. Je le, coupai donc, comme il reprenait souffle. Et, à mon tour, sans lui laisser passage pour une parole, je lui dis, tout d'un trait, qu'étant donné que la République était rétablie, comme il venait de le proclamer, et la justice revenue, il devait désormais être possible, pour des prisonniers, de s'expliquer sérieusement, que je ne demandais que cela, mais que j'avais beaucoup à dire, et qu'en conséquence je le priais de me donner la parole pendant dix minutes, de telle sorte que je pusse, moi l'accusé, présenter proprement ma défense, et qu'il pût, lui l'accusateur, l'apprécier honnêtement. Cette éloquence porta ses fruits. J'obtins mes dix minutes, et j'en profitais pour développer tout un plaidoyer, que je vais résumer, pour me présenter au lecteur.

Mon crime, c'est d'être un pacifiste. Tel il fut, toujours, et tel il sera. J'ai donc, dans les syndicats où je militais, « bêlé » pour la paix, inlassablement. Et toutes mes vicissitudes viennent de là. Après 1919, je fus de ceux qui dénoncèrent la dureté des traités, qui condamnèrent l'occupation de la Ruhr, qui demandèrent grâce pour l'Allemagne vaincue, et qui, surtout, réclamèrent le désarmement. Les communistes, à cette époque, étaient d'accord. Et, comme eux, avec eux, j'ai été, par la droite, tenu pour un mauvais Français... En 1938, j'ai, par le même amour de la paix, été un « munichois ». Et, cette fois, ce furent les communistes qui, ayant viré de bord, me couvrirent d'insultes... Mais c'est en 1940 que mon pacifisme, à ce qu'on dit, a poussé trop loin ses conséquences. Mon excuse, sans doute, est que quelques millions de Français (auxquels il serait incongru de le rappeler maintenant) ont été, à cette occasion, aussi pacifistes que moi. Tous ensemble, nous avons cru, naïvement, que la guerre était finie, qu'elle était perdue, qu'il fallait en prendre son parti. À vrai dire, nous avions quelques raisons de penser ainsi. Nos armées étaient en déroute. Les Anglais avaient regagné l'île, l'Amérique, par la bouche de Roosevelt, venait de répondre à Paul Reynaud qu'elle ne pouvait rien pour nous, et les Russes, en Pologne, fraternisaient avec les nazis. Il aurait fallu être une pythie sur trépied pour prévoir que, beaucoup plus tard, notre sort serait remis en question, par une autre guerre à l'Est. Il nous parut donc, en novembre 1940, que les propositions faites par les Allemands à Montoire étaient inespérées. Car, si elles n'étaient pas mensongères, elles offraient une chance d'échapper à l'écrasement, de renaître parmi les nations libres, et, en outre, de faire une vraie paix. Enfin c'était du moins une chance à tenter. J'y fus, quant à moi, d'autant plus disposé que j'avais toujours voulu la paix avec l'Allemagne, du temps où nous étions des vainqueurs, et je pensai que ç'aurait été petit de me déjuger, sous prétexte que, maintenant, nous étions des vaincus. Telles furent mes pensées, et j'ai eu l'imprudence de les dire. Je les ai même écrites, dans quelques articles qui parurent dans notre presse syndicale.

Le malheur est que les Allemands nous avaient trompés. Ou du moins ils avaient promis plus qu'ils n'ont pu tenir, bientôt détournés des projets de Montoire et convertis à une politique de dur réalisme par la guerre qu'ils soutinrent contre le monde. Dès 1942, je compris que ce que l'Allemagne nous demandait, ce n'était plus de construire avec elle la paix de l'Europe. C'était de prendre place dans sa guerre, de prendre part à ses haines. Et je ne pouvais le vouloir. Je n'ai pas pu admettre non plus que, sous prétexte de collaboration, on entreprît toute une démolition de notre régime, de nos libertés, de nos syndicats, sans parler des horreurs contre les juifs et des sévérités contre les francs-maçons. Mais il y avait quelque risque à engager la lutte à visage découvert. Nous avons pourtant été quelques-uns à prendre ce risque, dans nos syndicats. Nous avons, par notre résistance à Vichy, réussi à sauver l'essentiel du syndicalisme français, ses immeubles, ses biens, ses cadres, ses unions départementales, ses sections locales, et même beaucoup de ses militants que nous avons, à force de protestations, arrachés aux prisons et parfois à pire. D'autre part, dans les conversations que nous avions avec les camarades des syndicats, ou même dans les circulaires, dans les bulletins que nous rédigions pour eux, nous faisions sournoisement campagne contre la « relève », contre les Milices, contre la L.V.F., contre les nouveaux partis. Nous nous réunissions aussi pour parler de la République qui reviendrait, et de ce qu'il faudrait faire pour qu'elle revînt meilleure. Et tout cela n'était pas sans danger. Car notre action n'était pas cachée, clandestine. Chacun de nous était en personne à sa place, à la tête d'un syndicat, et sa signature était au bas des circulaires, des articles qu'il écrivait. Certes, nous usions de ruse, de figures, de périphrases. Mais écrire n'a jamais été le fort des syndicalistes. Et il ne se passait guère de semaine sans que l'un de nous fût convoqué par les Allemands, et sommé de s'expliquer sur un papier imprudent, et retourné sur le gril, et averti, et menacé. D'ailleurs, ce que nous ne pouvions point cacher, c'était notre refus d'adhérer au P.P.F., aux Milices, à toutes les organisations nazies. Et ces organisations n ' e manquaient pas de nous dénoncer aux Allemands comme des gaullistes sournois, comme des résistants camouflés. Personnellement, j'ai eu l'honneur, à plusieurs reprises, d'être injurié par certains groupements naziformes, qui avaient appris qu'un peu trop ouvertement je manifestais à leur égard des sentiments peu amicaux. Et, un beau jour, la Gestapo est venue chez moi, pour faire une perquisition. Mon appartement a été fouillé, retourné, et les policiers m'ont emporté la moitié de mes livres, dont les titres leur avaient paru subversifs. Puis ils m'ont emmené et, tout un après-midi, interrogé, engueulé, secoué, à la rue Boissy-d'Anglas. Je m'en suis tiré en faisant l'idiot. Du coup, la Résistance m'a fait sonder par deux des siens, qui m'ont flatté, tapé sur l'épaule, et qui finalement m'ont fait comprendre que je serais à ma place parmi eux. Mais j'ai refusé, car je suis pacifiste, et il me répugnait de me mêler à une autre besogne de haine et de sang. Bien sûr, je leur ai donné d'autres raisons (et je n'ai aussi parlé que de ces raisons à Rivier). J'ai dit que j'étais trop vieux, trop mal en point, et que mieux valait me, laisser continuer, à ma manière, ma petite résistance, d'esprit.

LUEURS D'ESPOIR

Voilà donc ce que, pour ma défense, j'ai conté, au capitaine Rivier, en prenant quelques précautions, par exemple quand je parlais de l'U.R.S.S., et en insistant sur mes démêlés avec les Allemands. J'étais assez en forme. Les mots me venaient bien, et je savais déjà, à moitié de ma harangue, que j'avais, auprès du capitaine, gagné la partie. Il s'était peu à peu détendu, en m'écoutant. Parfois il m'avait bien interrompu, tant il aimait parler. Mais ses interruptions avaient été plutôt propres à m'encourager. Par exemple, quand je parlai de la perquisition de mon appartement par la Gestapo, de mon interrogatoire à la rue Boissy-d'Anglas, il s'intéressa tout à fait et voulut des détails. Il m'écoutait en murmurant : « Oui, c'est bien comme ça », ou en opinant du bonnet, comme quelqu'un qui s'y connaît...

Quand j'eus fini, il me fit, à son tour, toute une déclaration. Mais ce fut presque une déclaration d'amitié. Il voulut bien convenir qu'à ma façon j'avais fait une espèce de résistance aux Allemands. Mon cas n'était donc point pendable. Mon seul tort était de n'avoir pas, en 1940, prévu que l'U.R.S.S. se jetterait bientôt dans la bataille, et qu'elle nous sauverait tous. Et, sur ce, de débiter toute une tirade sur la foi qu'il faut avoir dans Staline et dans l'Armée Rouge…Pour lui faire plaisir, je m'accusai d'être un esprit positif, plutôt que croyant, et j'avouai qu'en effet j'avais peu pensé à la victoire qui devait être, tout occupé par la défaite qui était. Alors il devint charmant. Il me confia qu'à vrai dire presque tout le monde était dans mon cas, car le Parti Communiste était le seul qui eût vu clair. Et, sur ce, de débiter toute une tirade sur le Parti, sur ses morts et sur ses mérites. J'écoutai poliment. Ce n'était pas le moment de paraître distrait. « Enfin, conclut-il, je ne trouve rien de bien grave dans votre affaire. Je vais faire un rapport au capitaine Bernard, qui commande ici, au bénéfice de l'âge, et il décidera. Peut-être voudra-t-il vous entendre à son tour. Mais je lui proposerai de vous libérer tous les deux, sans attendre. Vous pourrez sans doute partir ce soir. Et je suis sûr que, d'ici deux ou trois mois, nous combattrons côte à côte, dans les mêmes rangs. Qu'en pensez-vous ? » Je répondis, prudemment, qu'en effet les militants de gauche feraient mieux de se soutenir et de se rassembler, plutôt que de se chercher des poux. Et il fut ravi. C'est alors que j'ai fait une sottise. Une sottise qui, sans doute, m'a valu toute la suite des malheurs. Car je crois, à la réflexion, qu'ils m'auraient libéré, si je n'avais pas compliqué les choses, et provoqué certaines réactions dont je parlerai en leur temps. Rivier aurait peut-être, convaincu Bernard. Il était vraiment tout doux, tout bénévole. Il avait dans sa tête, j'en suis sûr, l'idée que j'étais un adhérent possible, pour peu qu'on me prît bien… Mais j'étais si loin encore d'imaginer les choses, et je me sentais tellement dans mon droit que, j'ai voulu être libéré dans les formes, et presque avec les honneurs. D'autre part, j'ai voulu être prudent, prévoyant. Enfin j'ai dit au capitaine Rivier que je voudrais bien qu'en me libérant on me donnât une pièce attestant que mon cas avait été sérieusement examiné, et trouvé net. Car cette pièce assurerait ma tranquillité future. « Je souhaite donc, ai-je dit, que vous ne me jugiez pas seulement sur mes paroles. Je voudrais mettre sous vos yeux des documents qui confirmeront mes dires, en particulier le texte de certaines circulaires que j'ai adressées à mon syndicat, pendant l'occupation, et certains « échos » qui ont été publiés contre moi, dans la presse collaborationniste. Or ces documents sont chez moi, dans une enveloppe que j'ai cachée sous un meuble, depuis mes démêlés avec la Gestapo. Voudriez-vous les faire prendre ? Ils vous aideront certainement à faire partager au capitaine Bernard la conviction que vous avez de mon innocence, et je suis bien sûr qu'après les avoir examinés le capitaine Bernard et vous-même accepterez, en me libérant, de me donner l'espèce de certificat que je vous demande. » Rivier trouva ma proposition loyale, et très judicieuse. Mais, au lieu d'envoyer quelqu'un chez moi, il s'est contenté de téléphoner chez ma concierge et de demander si quelques-uns des jeunes gens qui m'avaient arrêté étaient encore là. Il y en avait quelques-uns, en effet, et l'un d'eux est venu au téléphone, à l'autre bout. Rivier a demandé qu'on prît mes documents, dans leur cachette, et qu'on les apportât à l'Institut. « Ils vont, m'a-t-il dit en raccrochant, bientôt venir. Vous n'avez donc qu'à attendre tranquillement. » Nous avons donc attendu. Nous étions tout confiants, tout heureux. Il nous semblait que tout allait s'arranger, que tout était arrangé enfin. D'ailleurs tous se mirent en quatre pour adoucir notre attente. Le clerc de notaire, visiblement enchanté de n'avoir plus à jouer au féroce, m'offrit une cigarette. Ensuite il me rendit mon tabac. Ma femme rentra en possession de sa poudre, de son rouge, de tout ce qu'elle voulut. Mais elle n'osa pas reprendre sa gourmette et son argent. En quoi elle eut tort. Enfin, comme j'avouais que nous avions mal déjeuné, on nous apporta deux sandwiches au beurre, bien gras... C'était trop beau. Ça tournait à l'idylle...

CHAPITRE III

LA FAUNE

Masques

Cependant, comme nous n'avions pas mieux à faire, nous regardions. Et, peu à peu, je vis que tout n'était pas si rose, autour de nous... Je ne sais quand j'ai vu, pour la première fois, s'ouvrir la porte du fond, la grande porte d'où venait tant de silence. Un homme parut. C'était un prisonnier. Cernés de fatigue, ses yeux étaient immenses, dans un visage qui n'avait point été rasé depuis des jours. C'est cela, d'abord, qu'on remarque, dans un prisonnier : cette ombre sous les yeux, ce noir sur les joues. Tels sont les premiers signes de la déchéance... Les habits, pourtant, étaient encore assez propres, et même on voyait qu'ils étaient de bonne coupe. Mais la déchéance n'en était qu'aggravée, par le contraste entre le vêtement, qui était encore d'un homme libre, et le visage, qui déjà était comme d'un pauvre. Le regard était terne, vide, comme de quelqu'un qui ne peut plus penser. Un F.T.P. suivait, fusil braqué. Le couple traversa le vestibule, et revint bientôt, dans le même ordre. J'appris plus tard que, de l'autre côté du vestibule, se trouvaient les W.C. Cette disposition des lieux nous donna l'occasion de voir, tout le jour, passer des prisonniers.

À un moment, Jeanne me serra le bras à me pincer, comme une folle. Car il venait un homme de cauchemar. Toute la tête était boursouflée comme une pomme de terre. Partout le sang, que des coups avaient tiré des vaisseaux éclatés, affleurait la peau, et virait au marron ou au noir. Les lèvres étaient d'énormes engelures à vif. Un œil était fermé, grotesquement. L'autre, entre des chairs envahissantes, semblait petit et sans expression, comme l'œil d'un porc. Le clerc de notaire, qui vit l'émoi de ma femme, nous dit d'un air gêné : « Celui-ci, c'est un dur, c'est un de la L.V.F.. Alors, vous comprenez... » Non, je n'ai pas compris. Je ne comprendrai jamais que, d'un homme, d'autres hommes puissent faire ça...

TÊTES TONDUES

Il passa aussi des prisonnières. En général, elles avaient meilleure allure que les prisonniers. La femme, en effet, se conserve mieux, dans ces captivités. Du moins quant à l'apparence, et dans les premiers temps... Et cela tient, pour une bonne part, à ce que son visage se défait beaucoup moins vite que le visage masculin. Il n'est pas, en quelques jours, envahi par une barbe qui fait sale. D'autre part, il est naturel qu'on retire tout rasoir aux hommes. Car c'est une arme. Mais on ferme facilement les yeux sur un peigne, sur le rouge, sur la poudre de riz. Il est aussi à remarquer que la coiffure indéfrisable, dont les femmes usent aujourd'hui, tient des semaines, et encore que les femmes savent très bien s'ajuster les unes les autres, tandis que les hommes sont Incapables de se rendre entre eux le moindre service capillaire ou vestimentaire. Donc les prisonnières, en général, se présentaient mieux. Et je n'en ai point vu, ce jour-là dont le visage portait la trace de coups.

Mais nous en vîmes, bientôt, dont on avait rasé les cheveux, jusqu'à la peau. Et d'autres auxquelles on avait peint une croix gammée, sur le front ou sur les joues. J'en ai vu d'autres plus tard, à Drancy, qui avaient été marquées pareillement, mais au fer rouge. Et Jeanne en connut qui portaient ces marques de fer rouge sur les cuisses, sur le ventre... Je n'avais jamais vu de têtes tondues. Mais je trouvai que c'était pire que tout. Un visage d'homme, tout tuméfié, tout ravagé, comme je venais d'en voir un, ce n'est pas si inattendu. On peut imaginer que l'homme s'est battu, comme font les hommes, et qu'il n'a pas été le plus fort. Cette horreur a encore un sens... Mais des femmes, sans leurs cheveux, ce n'est plus rien d'humain. Surtout si elles sont jeunes, et si elles ont été jolies, comme c'était souvent le cas. Elles ne veulent pas croire qu'elles ne ressemblent plus à des femmes, et c'est pitié de les voir faire des mines, des grâces de femme, sous ce crâne de hideur. Celle à laquelle la tonsure totale allait le moins mal était une petite vieille de soixante-dix à quatre-vingt ans, qui avait seulement l'air d'un vieux, quand on ne regardait pas aux jupes. Mais je ne puis croire, tant elle était décrépite et cassée, qu'un Allemand ait pu risquer avec elle le moindre péché, même quand elle avait ses cheveux.

D'ailleurs, je me demande encore pourquoi on a arrêté et tondu les femmes qui ont été convaincues, où soupçonnées, d'avoir fait l'amour avec des Allemands. Car c'est du racisme, et du pire. Avant-guerre, on trouvait mauvais que les Allemands maltraitassent les femmes qui avaient fait l'amour avec des Juifs. Maintenant, on trouve bon de maltraiter les femmes qui ont fait l'amour avec des Allemands, Très exactement, c'est copier les nazis. C'est gober, tout cru, leur dogme du sang. Je trouve, aussi que c'est placer le patriotisme un peu bas. Et j'ai bien ri, quand on m'a conté ce propos d'une fille forte en gueule à ses tourmenteurs : « Vous pouvez bien me couper les cheveux, et même la tête. Ça, c'est aux Français... Mais le reste (elle usa d'un terme plus vif), ce fut aux Allemands, ce sera aux Anglais, aux Américains. Ça, c'est international ! » Ce devait être une communiste, de l'ancienne orthodoxie... Je dois dire, d'ailleurs, que les F.T.P. avaient eux aussi, dans cette matière, des réminiscences d'internationalisme, Ces « femmes à Boches » ne leur faisaient point peur. Ils couchaient très bien avec elles, avant de les tondre. Et ils couchaient encore avec elles après, malgré le crâne d'infamie. Car il y a la politique, et il y a la nature...

F.T.P.

Ce 30 août, nous avons vu aussi beaucoup de F.T.P. Un grand nombre de sections, en effet, amenaient leurs prises à l'Institut. Et gardiens et captifs, les uns poussant les autres, arrivaient au bureau de Rivier. Nous étions donc aux premières loges. Et le spectacle en valait la peine. Les F.T.P. étaient, en général, des jeunes. De beaux jeunes hommes de dix-huit, à trente ans qui, en d'autres temps, auraient plutôt pourchassé les filles. Il est vrai qu'il ne manquait point de F.T.P. femelles. Des espèces d'amazones traînant, elles aussi, des armes hétéroclites, et d'une richesse de langue qui voulait singer le soldat, mais qui évoquait plutôt le trottoir... Le plus remarquable, dans les deux sexes, était l'habillement. Chacun était habillé comme il pouvait. Il y en avait qui eussent fait peur, au coin d'un bois. Mais beaucoup étaient comme endimanchés. Et j'ai appris par la suite, qu'on n'avait pas de répugnance, dans ce monde, à chausser les bottes ou bien à enfiler le vêtement des collaborateurs. Voire même de leurs cadavres.

Une détenue m'a conté qu'elle avait été interrogée par un bel officier, tout décoré. Et elle avait eu la stupeur de reconnaître l'uniforme, les décorations que son mari conservait depuis l'autre guerre. La F.T.P. s'était adjugé le tout, y compris les galons, pendant la perquisition... On m'a fait voir aussi, à l'Institut un habit qui avait eu des aventures. Il avait, d'abord, été porté par un détenu. Ce premier propriétaire avait été fusillé, dans les jardins. Et il faut croire que quelqu'un, pendant l'exécution, avait veillé à ce que l'habit fût sauf. Il n'avait pas de tache, ni un trou. Et un de nos gardiens le porta devant nous, tout le temps. Nous nous demandions ce qui s'était passé, et nous étions partagés entre deux suppositions. Les uns pensaient que les F.T.P. avaient dû déshabiller le premier propriétaire, avant de le tuer. Et les autres qu'ils l'avaient fait coucher et n'avaient tiré qu'à la tête, de manière que le sang ne coulât pas sur le vêtement... Mais il y avait des détails plus drôles. Beaucoup de ces jeunes gens, et même de ces jeunes femmes, étaient de nouveaux gradés. Ils avaient, le plus souvent, cousu eux-mêmes leur galons. Mais ces communistes, vraiment, avaient encore beaucoup à apprendre des usages militaires. Un sergent, par exemple, s'était très bien cousu un galon de sous-lieutenant. Et j'ai vu un capitaine, des plus graves, dont les trois galons étaient cousus verticalement, tout droit du poignet vers l'épaule.

AGITATIONS

Tout ce monde allait, venait, criait, s'agitait, dans un désordre parfait. Le capitaine Rivier siégeait au-dessus de ce désordre, dans une sérénité jupitérienne. Son bureau, à ce que j'ai compris, avait la charge de délivrer des permis de port d'armes, des ordres de réquisition et des mandats d'arrêt, d'une légalité douteuse. Mais le travail se résumait à prêter un tampon, à tout venant. Le tampon des F.T.P « Hé ! criait un grand gaillard, moi, je suis du Huitième. Je vais arrêter Durand. Il me faut un ordre ! » « Voici le tampon, répondait le clerc de notaire. Fais ton ordre. » Sur quoi le grand gaillard rédigeai lui-même, une espèce d'ordre, sur le premier bout de papier venu. Il y appliquait un bon coup de tampon. Et en route pour arrêter Durand, ou Dupont, à volonté... Ou bien un autre clamait :

« J'ai un revolver, j'ai un revolver ! Je veux un port d'armes ! » « Prends le tampon, disait le clerc de notaire. Où donc est le tampon ? Qui a le tampon ? Ah ! c'est toi qui l'as ! Passe-lui le tampon. » Et pan ! sur un port d'armes, sans plus de façons...

Parfois Rivier revenait sur terre, et donnait des ordres au Polonais, à l'Allemand ou à quelques F.T.P. qui traînaient par là. Je l'entendis, une fois, qui se préoccupait du ravitaillement en bicyclettes. « Il nous faut trois bicyclettes, dit-il. Alors vous irez vous poster sur les Champs-Élysées. Vous ferez descendre trois bourgeois. Et vous ramènerez les vélos. Faites des ordres. Voici le tampon. » Une autre fois, il mobilisa un couple de F.T.P. qui était venu aux nouvelles. C'étaient le mari et la femme, deux jeunes tourtereaux en tenue de camping, les jambes nues, le mari avec une mitraillette, la femme le fusil sur l'épaule et un revolver à la ceinture. « Vous, dit le capitaine, vous irez me chercher

Canon. Si vous le ramenez mort, je m'en fous. Il a de la chance d'être vivant. Je l'ai guetté trois soirs de suite, pendant la clandestinité. C'est un hasard si je ne l'ai pas descendu. » À quoi la jeune femme répondit : « Oh ! moi, je tirerai bien dedans ! » Mais, comme ils partaient, le capitaine se ravisa. « Non, dit-il, ramenez le plutôt vivant. J'ai envie de le passer moi-même à la casserole ! » Canon fut ramené une demi-heure plus tard.

D'ailleurs, il arrivait bien deux ou trois prisonniers par heure. Des jeunes, des vieux, des hommes, des femmes. Il y en avait qui protestaient. Il y en avait qui ne disaient rien. Il y en avait qui pleuraient, surtout parmi les femmes. C'est étonnant comme les femmes croient à la vertu de leurs larmes sur les mâles... Et le clerc de notaire, repris de férocité, sautillait tout autour, grommelant et fouillant. Puis on les emmenait au fond du vestibule, et la grande porte à deux battants les avalait comme une pastille. À vrai dire, cette porte nous devenait un cauchemar. Et ma femme et moi, assis tout près l'un de l'autre, nous commencions à nous dire (sans le dire à l'autre) :

« Combien de temps resterons-nous du bon côté ? »

LE CAPITAINE BERNARD

Car mes documents tardaient à venir. Et le soir tombait... D'autre part, le capitaine Bernard avait été absent tout l'après-midi, et il n'avait pu examiner mon cas. Il était, m'expliqua-t-on, en conférence avec le colonel Rol-Tanguy, le grand chef des F.F.I. et F.T.P. de la région parisienne. Et c'est presque tous les jours (si j'en crois Rivier) que Bernard conférait ainsi avec le colonel Rol-Tanguy. Je n'ose croire, pourtant, que le colonel ait été mis au courant de tout ce qui se passait à l'Institut... En tout cas, le capitaine Bernard ne vint qu'assez tard, vers vingt heures. Et je l'ai vu, pour la première fois, accoudé au guichet et conversant avec Rivier qui, tout soudain, était devenu étrangement humble et hésitant. Je guettais, de mon coin, la conversation, qui bientôt porta sur ma femme et sur moi. Et je fus glacé par le regard que Bernard darda vers nous. Un regard sans âme, dans un visage sans vie. Je devais, bientôt, comprendre que tout l'homme était comme ce regard. Il n'est pas un de ceux qui ont vécu à l'Institut, et qui ont survécu, qui ne se souvienne de ce grand corps maigre, de ces pas sans bruit, de cette bouche mince et muette, de ce visage, assez beau, mais à jamais fermé sur des pensées de meurtre. Il n'en est pas un qui ne revoie le gros revolver à barillet que le capitaine Bernard, toujours, tenait au poing, le doigt sur la gâchette, quand il faisait visite aux prisonniers. Même nos gardiens tremblaient. Quand ils entendaient venir Bernard, ils nous avertissaient, ils nous adjuraient de ne pas bouger, de ne pas souffler mot, de peur qu'une monstrueuse colère n'éclatât sur eux comme sur nous. Et l'homme entrait. Même tout le silence, comme d'un tombeau, même toute l'immobilité, comme de cadavres, ne pouvaient l'apaiser. Il cherchait du regard, lentement, interminablement. Et son poing, malgré lui, se levait, son doigt caressait la gâchette. Je n'ai jamais vu, si évidente, si atroce, une telle envie de tuer.

L'homme, sans aucun doute, était fou. Il faut qu'il ait été fou, pour l'honneur de l'espèce. Fou de je ne sais quoi, de je ne sais quel organe pourrissant en lui. Peut-être, le pouvoir lui était-il monté à la tête, comme un alcool. Peut-être, avait-il souffert, et n'avait-il pu en prendre le dessus. Je ne sais. Au bureau, on disait qu'il avait échoué aux examens, sur le chemin de Cen- trale, et qu'il avait désespérément traîné toute une vie de raté, jusqu'à la cinquantaine. On disait encore qu'il avait fait beaucoup de prison, une première fois avant l'armistice, comme défaitiste, et une seconde fois sous l'occupation, comme communiste. Toujours est-il que, pendant près d'un mois, ce forcené a été souverain maître à l'Institut. C'est lui qui a présidé aux tortures, avec son regard sans âme. C'est lui qui a présidé aux fusillades, avec son visage sans vie. C'est lui qui, sa- vamment, a fait de l'Institut son bagne privé, son abattoir particulier, et qui s'y est fortifié, accroché jusqu'au dernier jour, refusant de rendre ses captifs à la justice, refusant de s'arrêter de tuer, et allant même jusqu'à recevoir la police, à coups de grenades, à coups de mitraillettes, quand elle tenta de nous délivrer.

LE TRIBUNAL

Nous eûmes aussi l'occasion de voir quelques-uns de ses seconds, pendant que nous attendions dans le bureau. Marcel, Thomas et José. Mais que le lecteur ne s'arrête pas à ces noms, ni à ceux que les autres F.T.P. se donnaient et que je pourrai citer. La plupart n'étaient que des noms de guerre. Seul, je crois, Rivier portait son vrai nom. Les autres, au contraire, usaient des plus grandes précautions pour que nous ne connussions pas leur identité réelle. Je me suis demandé, pendant un temps, pourquoi ils tenaient, malgré la Libération, à garder l'anonymat. Mais je sais, maintenant, les raisons. La première, la plus générale est que les F.T.P., confusément, prévoyaient qu'un jour il leur serait demandé compte des vols, des tortures, des exécutions sommaires. Aussi ont-ils pris soin de ne jamais rien dire, ni de leur nom, ni de leur domicile, ni de leur passé, qui pût, par la suite, permettre de retrouver leurs traces. Et c'est ce qui explique que la Libération ait, si souvent, paru comme peureuse, et même comme honteuse d'elle-- même. Une Libération qui n'osait pas dire son nom...

Mais il y avait, parfois, d'autres raisons, de nature assez particulière. José, par exemple, n'avait pas en vain toute une face de brute. J'ai vu, depuis, sa photographie, à la Police Judiciaire. Une double photographie, de face et de profil, comme en ont les habitués de la maison. Et le fait est que le citoyen José Pédrossa, né à Oran, a été condamné à deux reprises pour d'assez déplaisantes escroqueries. Il était, à l'Institut, le grand maître des arrestations, le grand pourvoyeur du bagne. Et l'on comprend qu'il ait caché les sources de son expérience... Quant à Marcel et à Thomas, ils dissimulaient mal, sous ces prénoms français, leur nationalité étrangère. Marcel était Italien. Le capitaine Bernard en avait fait son secrétaire, son second. Et le second valait bien le premier. Ce grand gaillard avait lui aussi, à tout jamais, désappris le rire. Mais il était plus loquace que son maître. D'autant plus loquace qu'il avait grand-peine à s'exprimer en français. Et rien n'était plus terrifiant que la violence avec laquelle des menaces, des injures mal mâchées sortaient de son visage jaune... Thomas était un Juif polonais. Petit, frisé, trapu, partout furetant, partout glissant le danger de sa face blême. C'était un spécialiste des répressions révolutionnaires. À l'Institut, il représentait les Brigades Internationales, et son rôle, à ce que j'ai cru comprendre, était de tout contrôler, de tout surexciter, en vertu de l'expérience qu'il avait acquise en Espagne. Il exerçait sur tous, et même sur le capitaine Bernard, un pouvoir assez mal défini, fait à la fois de peur et d'horreur. Tous étaient un peu comme des apprentis devant ce maître à tuer... Le capitaine Rivier me confia qu'en théorie toutes les décisions d'importance étaient prises par une espèce de tribunal à six têtes, que présidait Bernard. Ce tribunal était comme une Société des Nations. Bernard et Rivier y étaient les seuls Français. Les quatre autres membres étaient Thomas, Marcel et deux étrangers encore, que je n*ai pas connus, un autre Polonais, je crois, et un Hongrois.

DESTINS EN SUSPENS

J'avoue que cette confidence de Rivier et la vision du capitaine Bernard avaient un peu ébranlé notre optimisme. Jusqu'alors nous n'avions eu affaire qu'à Rivier, et il était si accommodant, si rassurant que nous doutions à peine de notre prochaine libération. Heureux étions-nous, qui n'entrions que par degrés, et comme pas à pas, dans l'épouvante... D'ailleurs, Rivier fit tout ce qu'il put pour nous garder en confiance. Il exposa mon cas, avec chaleur, au capitaine Bernard. Et, vers neuf heures, il s'arrangea pour que je dise, moi-même, quelques mots à cette majesté. À vrai dire, l'entrevue manqua de cordialité. Je dis que, si nous devions être libérés, comme Rivier le proposait, il serait humain de nous libérer vite, pour nous rendre à Jacques. Je demandai que du moins on laissât, sans attendre, partir ma femme. Enfin je ne sais tout ce que je dis. Cet œil, devant moi, immobile et comme mort, avait de quoi tarir toute éloquence. Le capitaine Bernard m'écouta sans dire un mot. Puis il dit : « Vous êtes bien pressé. Moi, j'ai été en prison pendant des années. Nous verrons demain. » Et il partit.

Rivier le suivit, et il revint triomphant. « Il est dur, dit-il, mais je crois que tout de même il vous libérera. Il lira demain vos documents, et j'insisterai. Il consent déjà à ce que vous ne passiez pas la nuit avec les prisonniers. Vous resterez ici, avec moi, dans le bureau. Ce n'est qu'une mauvaise, nuit à passer. » Il nous fit donner des fauteuils, pour que nous puissions nous reposer, tant bien que mal. Et nous avons ainsi passé notre première nuit à l'Institut, assis dans un coin, conversant avec le clerc de notaire, ou bien écoutant le capitaine Rivier qui interrogeait des prisonniers, et enfin essayant de dormir, vers trois heures, quand Rivier, de son côté, se coucha tout habillé sur un matelas, et ronfla de bon cœur.

CHAPITRE IV

INTERROGATOIRES

ENQUÊTES

Mais il faut, maintenant, que je conte les interrogatoires auxquels j'ai assisté, pendant cette nuit et le lendemain. Évidemment, si le lecteur attend que je décrive les interrogatoires « à la dure », d'où tant de prisonniers revenaient le visage en sang, il sera déçu. Je n'ai, moi-même, rien subi de tel. Et je n'ai assisté à rien de tel. Je ne crois pas non plus que le bureau de Rivier ait jamais été le théâtre de ces festivités. Dans ce vestibule, le bruit aurait été trop grand. Et d'ailleurs il y aurait eu un autre inconvénient, à savoir que les fenêtres donnaient sur la rue. C'est dans les caves ou dans une chambre sourde du deuxième étage que les F.T.P. torturaient leur monde. Et je ne crois pas que Rivier ait été très passionné de ces spectacles. Il était, je le répète, d'humeur assez peu féroce. Aussi ne lui avait-on confié que la charge de faire, à l'arrivée du client, un premier interrogatoire, et que la charge d'instruire les cas bénins. Quand le client était un dur ou quand il fallait régler un compte avec lui, c'étaient, en général, Marcel ou Thomas, secondés par quelques F.T.P. de bonne trempe, qui le menaient au second étage ou aux caves et qui, selon le langage du lieu, le passaient à la casserole, très proprement. Je n'ai donc assisté, dans le bureau de Rivier, qu'à des instructions presque courtoises. Mais je ne crois pas qu'il soit sans intérêt d'en donner une idée.

Le plus curieux était peut-être la manière dont les F.T.P. faisaient leurs enquêtes. J'ai, à plusieurs reprises, entendu Rivier donner des ordres à des jeunes gens qu'il envoyait quérir des renseignements sur tel ou tel. La consigne était toujours la même : « Vous interrogerez sa concierge. Puis vous verrez le patron du café le plus proche. Enfin vous demanderez aux camarades ce qu'on pense de lui dans le quartier. » Autrement dit, il s'agissait moins de savoir ce que le suspect avait fait que de savoir ce que l'opinion publique pensait de lui. Ou, si vous voulez, le crime était moins d'être coupable que d'être réputé pour tel. Et je n'exagère rien, comme on va voir. J'ai même idée que cette parodie de justice visait, pour une bonne part, à la propagande. Les F.T.P. avaient grand souci de faire des arrestations qui fissent plaisir à la clientèle électorale. Et c'est pourquoi, avant d'arrêter, ils cherchaient à connaître ce qu'on penserait de l'arrestation, dans le quartier. Que l'arrestation fût justifiée était un souci plus secondaire. Il suffisait qu'elle fût populaire. Par exemple, arrêter un patron, dans un quartier rouge, était de bonne politique quel que fût le patron. Et c'est aussi par de semblables raisons que je m'explique la répugnance des F.T.P. à libérer leurs prisonniers, même quand il devenait avéré que ces prisonniers étaient innocents. C'aurait été de mauvaise politique. Car le Parti, tout entier, prêchait la sévérité, la dureté. Déjà il faisait reproche à la justice officielle de sa faiblesse, de ses lenteurs. Et il aurait été de mauvais exemple que le Parti donnât lui-même le spectacle d'une porte qui s'ouvrît, même devant un innocent. À moins, bien entendu, que les camarades du quartier n'y vissent un avantage pour la propagande locale...

Mais laissons ces considérations. Ou donnons plutôt quelques exemples.

LA VIEILLE CONCIERGE

Il comparut, dans la soirée, une petite vieille, qui avait bien soixante-dix ans. J'avoue qu'elle semblait une vieille harpie, si jamais il en fut. C'était une veuve Stigman, ou quelque chose comme cela. Elle était concierge je ne sais où. Elle bavarda, pleurnicha, fit mille serments, évoqua Dieu et les Saints. Rivier avait peine à se tenir de rire. Et, vraiment, dans l'histoire, il n'y avait pas de quoi fouetter un chat. Je compris vaguement que la vieille était accusée, par ses voisins, d'avoir eu une fille qui avait couché avec un Allemand. Comme la fille était morte, on avait arrêté la mère. Et la mère gémissait, disait que sa fille, des années avant sa mort, n'habitait plus à la loge, qu'elle était majeure, et que par suite elle - la mère - n'était responsable de rien. Elle conta même toute une brouille avec sa fille, pour se désolidariser tout à fait, et pour se faire bien voir. La vieille gale eût bien renié toute sa lignée pour se tirer d'affaire.

Le capitaine Rivier, qui s'amusait fort, fut d'abord assez indulgent. Il voulut bien reconnaître que, d'après les données de l'enquête, la vieille était innocente des frasques de sa fille. Elle n'avait point favorisé la chose, Elle ne l'avait peut-être même pas connue... Et il fallait voir comme la vieille buvait ces mots, et comme elle remerciait ce « mon bon monsieur » !... Mais Rivier, tout soudain, prit un air féroce : « Oui, dit-il, vous êtes innocente dans cette affaire. Mais j'ai de très mauvais renseignements sur vous. Dans le quartier, on dit que vous êtes une vieille insupportable, que vous avez un sale caractère, que vous passez tout votre temps à médire du voisin, à clabauder et à radoter partout. Je vais donc vous donner une leçon. Je vous garderai ici huit jours. Ça vous guérira de votre mauvais caractère. » Et il renvoya la vieille, toute larmoyante, derrière la grande porte aux deux battants... Cette histoire l'avait mis de bonne humeur. Il s'adressa à moi, et me répéta en riant : « Ça lui fera le caractère, et ça fera plaisir aux voisins. » J'eus la lâcheté de rire aussi, tant la sanction, toute imméritée qu'elle fût, me paraissait de peu d'importance. J'aurai longtemps remords de ce rire. Car je devais apprendre, bien plus tard, ce qu'était devenue la vieille, qu'on avait gardée là, pour faire plaisir aux voisins...

LA FEMME AUX BIJOUX

Il vint ensuite une dame D... Je tairai son nom. On comprendra pourquoi. Mme D. tenait un magasin de parfumerie. Elle avait été arrêtée, peu de jours auparavant, sur la dénonciation d'une petite jeune fille, qui avait été une de ses employées, et qu'elle avait renvoyée. La jeune fille prétendait que son ex-patronne avait été, pendant la guerre, la maîtresse d'un Allemand. Mais, au cours de l'après-midi, il venait de se produire un coup de théâtre. L'amant s'était présenté, en personne, et il n'avait pas eu de peine à établir, toutes pièces en mains, qu'il était Suisse. Sur quoi, Rivier, saisi d'indignation, avait dépêché deux F.T.P. pour ramener la dénonciatrice. Elle comparut aussi, pour une confrontation. Et ce fut une belle prise de becs. La petite jeune fille passa un mauvais quart d'heure. Elle dut avouer que Mme D. l'avait renvoyée pour vol. Et il devint alors évident qu'elle n'avait voulu que se venger. Le capitaine

Rivier rendit alors un jugement de Salomon. Il décida de libérer Mme D. sur-le-champ et de garder à sa place la dénonciatrice. « Cela vous apprendra, dit-il, à faire de fausses dénonciations. Encore avez-vous de la chance que je sois, un bon bougre. Je vous ferai relâcher demain. » Mais, par malheur, il se présenta une petite difficulté. Quand on avait arrêté Mme D. on lui avait confisqué des bijoux, pour une somme importante. Elle voulut, avant de partir, rentrer en leur possession. Et on chercha ces bijoux, ou du moins on fit semblant de les chercher. Mystérieusement, ils avaient disparu. Rivier expliqua qu'on les trouverait mieux, le jour revenu. Et il fut convenu que Mme D. passerait au cours du lendemain, pour recouvrer son bien. « Tout se retrouvera, madame, disait le clerc de notaire, tout affable, et sautillant. Nous ne sommes pas des Allemands, nous !... Nous ne sommes pas des voleurs !... »

Mais je veux, avant de continuer le récit de ces interrogatoires nocturnes, terminer l'histoire de Mme D. Elle en vaut la peine. Le lendemain matin, donc, nous fûmes réveillés par Thomas, qui bégayait de rage devant le guichet. « Pourquoi, disait-il à Rivier, tout ahuri, pourquoi as-tu libéré la femme D. ? - Mais, dit Rivier, j'ai la preuve que tout ce qu'on lui reprochait était faux. - Ce n'est pas vrai, hurlait Thomas. Moi, je te dis qu'elle a bochi ! Tous les camarades du quartier disent qu'elle a bochi ! » Rivier n'y comprenait plus rien. « Elle a bochi ? dit-il. Qu'est-ce que tu veux dire ? » L'autre rattrapa, à grand'peine, un peu de calme et de français. « Je veux dire, expliqua-t-il, qu'elle a couché avec un Boche ! - Non, dit Rivier, c'est un Suisse. » Mais Thomas, du coup, bégaya à nouveau de fureur. Il accusa Rivier d'être trop mou, trop tiède. Et il dit que le capitaine Bernard, alerté, avait décidé d'arrêter une seconde fois Mme D. Le pauvre Rivier, tout effondré, révéla que Mme D. allait revenir dans la journée. « Bon, dit Thomas. Ne t'occupe plus de l'affaire. Je ferai ce qu'il faut. » Et, quand Mme D. vint pour reprendre ses bijoux, il la fit à nouveau arrêter. Mme D. est restée à l'Institut jusqu'au bout. Ensuite, elle a été transférée à Drancy, où je l'ai encore vue au début de novembre. Elle n'a rien compris à ce qui lui est arrivé. Moi, j'ai fait deux hypothèses, quant à son cas. La première est que son arrestation avait été si hautement, si triomphalement claironnée dans le quartier que Thomas, bon politique, a compris qu'une libération si rapide ferait mauvais effet, pour la propagande. Cette hypothèse me parait la plus vraisemblable. Mais il se peut aussi que Mme D. ait eu tort de réclamer ses bijoux. Les bijoux étaient peut-être déjà « lavés » ou distribués à de petites amies. Il ne fallait pas lever ce lièvre, Mme D. ! Comment voulez-vous qu'on laisse en liberté quelqu'un qui va crier partout qu'on l'a volé chez les F.T.P. ?

JEUNES FILLES

Dans la nuit, nous avons aussi assisté à l'interrogatoire d'une jeune fille d'une vingtaine d'années, qui était la sœur d'un militant du P.P.F. Elle avait été arrêtée le 26 août, à la place de son frère, qu'on n'avait pu retrouver. C'était une toute jeune fille, maigre, douce, timide, et qui aurait pu être jolie, si elle n'avait pas eu si peur. Mais elle avait peur, abominablement. Elle se recroquevillait sur sa chaise, comme si elle avait eu très froid. Elle pouvait à peine parler. Le capitaine Rivier fut pourtant très paternel, très doux. La jeune fille, avait été accusée, à tout hasard, d'être elle aussi du P.P.F., puisque son frère en était. Elle murmura que ce n'était pas vrai, qu'elle n'avait jamais fait de politique, qu'elle ne savait même pas ce que c'était. Et je vous jure bien qu'elle n'avait pas la mine de quelqu'un qui pût y comprendre grand-chose ! Rivier essaya de l'instruire. Il lui parla des crimes de la Milice et du P.P.F.. Il exalta la Résistance, l'honneur. La petite écoutait, sans paraître saisir tous ces mots. Enfin le capitaine, tout échauffé, lui parla de la Patrie. Il lui demanda si elle aimait sa Patrie. Et il triompha quand, dans un souffle, elle dit oui. Alors, il poussa plus loin sa leçon. Il voulut, puisqu'elle convenait du principe, lui faire admettre les conséquences. « Bon, dit-il, vous aimez votre Patrie. C'est bien. Mais, dans ce cas, si actuellement vous saviez où est votre frère, que nous recherchons, que feriez-vous ? Nous diriez-vous où il est ? Qu'est-ce qui serait le plus fort en vous, l'amour de la Patrie ou l'amour fraternel ? Voyons, réfléchissez à ma question. Prenez votre temps. C'est difficile. » La pauvre petite, écrasée par ce problème, resta muette. Mais le capitaine revint à la charge, moins d'ailleurs pour obtenir une réponse que pour s'entendre à nouveau poser une si noble question. Évidemment, il jubilait. Et, tout d'un coup, tourné vers moi, et clignant un œil complice, il eut ce mot énorme : « C'est cornélien ! » J'en restais tout béant d'admiration. Ce capitaine avait du génie. Le plus beau génie comique que j'aie jamais vu...

Finalement, il renvoya la petite fille. Et il en vint une autre, de dix-huit à vingt ans, pâle, brune, aux longs cheveux plats, et très effacée. Elle était accusée, elle aussi, d'être adhérente du P.P.F., et elle s'en défendit comme elle put. L'interrogatoire, très vite, tourna court. Et Rivier m'avoua qu'il était excédé d'instruire des cas de si petite importance, où il n'y avait pas de quoi fouetter un chat. Mais je me souviens que la seconde de ces deux jeunes filles, quelques jours après, a été admise à l'infirmerie, se plaignant de l'estomac et du ventre. Là, il fut découvert qu'elle avait été, depuis peu, déflorée, et qu'elle était enceinte. La nouvelle provoqua, chez les F.T.P., quelque agitation. Et le bruit courut que l'accident avait quelque rapport avec l'arrestation. C'était aussi une douce petite fille, qui avait tout à apprendre de la politique...

Les « durs »

Les autres interrogatoires auxquels j'ai assisté furent moins indulgents, et plus brefs. J'ai vu, par exemple, arriver Canon. Et j'ai déjà indiqué que Rivier lui en voulait à mort, à proprement parler. Cette fois, il ne fut plus accommodant, ni même bavard.

« Tu sais, dit-il, ce que tu as fait. Tu as dénoncé des patriotes. Tu les as livrés aux Allemands. Tu vas payer, maintenant. » Canon essaya d'expliquer que ce n'était pas lui, que c'était son associé, et que cet associé était un gredin qui l'avait dépouillé, lui, Canon. Enfin toutes les pauvretés, vraies ou fausses, qu'un captif peut imaginer, quand il a des revolvers dans le dos, et tout un homme de haine, devant lui, qui le brûle des yeux. Mais Rivier ne s'en laissa pas conter. « Emmenez-le, dit-il. Ton compte est bon. Tu seras fusillé... »

J'ai vu aussi interroger l'inspecteur Demangeot. Il était accusé d'avoir dénoncé aux Allemands plusieurs personnes qui possédaient des armes. Et c'était un petit homme effondré, qui pleura et qui parla de ses enfants. La première fois, Rivier ne voulut pas l'entendre. Au bout de deux minutes, il le renvoya, lui aussi, avec le même verdict : « Tais-toi. Ne mens pas. Tu n'as pas d'excuse. Tu seras fusillé ! » Mais il l'a fait revenir, une demi-heure plus tard. Les larmes avaient dû le toucher. Il a demandé à Demangeot s'il voulait écrire à sa femme, avant... Il lui a donné de quoi écrire. Demangeot a écrit, devant nous, toujours pleurant et reniflant. Puis on l'a emmené. Il est resté quelques jours encore à l'Institut. Les F.T.P., quand ils le rencontraient, se moquaient de lui, parfois sans méchanceté, et ils l'appelaient « le mort en sursis »...

Enfin, j'ai vu arriver Klein. Et c'est un des spectacles les plus terribles qu'il m'ait été donné de voir. Ils l'avaient arrêté chez lui, l'accusant d'être de la Gestapo. Mais c'était un grand gaillard, bâti en hercule. Il a dû résister, lutter de tout son torse de statue. Alors ils lui ont logé trois balles dans le corps, pour le calmer, Puis ils l'ont à peu près déshabillé, je ne sais trop pourquoi, peut-être pour être plus sûrs qu'il ne tenterait pas de fuir, ou de se battre encore, avec ce qui lui restait de force, malgré les trois balles. Ils avaient peur de lui. Il est arrivé en chaussettes et en caleçon, le torse nu, et tout juste caché par une capote militaire, qu'ils lui avaient jetée sur les épaules. Il marchait très droit, les mâchoires serrées. Il devait horriblement souffrir. Ils ont dit que c'était un dangereux, et ils l'ont tenu au bout de leurs mitraillettes, debout devant Rivier, qui l'interrogea à peine. Tout juste un interrogatoire d'identité. Klein a répondu avec des mots comme des haches. Puis il est parti, les mâchoires toujours serrées, le visage tendu par je ne sais quel serment de fer. Il est parti vers la grande porte, vers son destin. C'était un homme. Je ne sais pas ce qu'il avait fait. Mais c'était un homme. Et je salue toujours un homme, tant c'est rare...

D'ailleurs, même pour Demangeot, même pour Canon, quel mépris pourrais-je avoir, maintenant ? Et pour tous les autres, que les F.T.P. ont condamnés sans les avoir entendus ? Car je n'ai entendu que l'accusation. Peut-être cette accusation était-elle fondée. C'est même probable. Mais il n'y a pas eu de défense. On ne leur a même pas donné le temps d'une explication. Il reste, il me restera toujours, un doute. Et je ne puis penser à eux tous, à ce grand Klein sans un mot, aux condamnés sans même un avocat, aux fusillés sans même un prêtre, je ne puis désormais penser à eux que comme à des martyrs. C'est votre faute, à vous, les F.T.P. Comment n'avez- vous pas compris qu'en vous hâtant de les condamner et de les tuer, sans les juger, vous les traitiez comme si vous aviez eu peur de leur défense, comme s'ils avaient été innocents ?

LA FAUSSE ÉMEUTE

Il y eut aussi, vers dix heures du soir, un incident de folie et de violence, dont Jeanne fut épouvantée. Rivier se reposait, entre deux interrogatoires, et il conversait avec le clerc de notaire et avec moi, de tout et de rien, très cordialement. Soudain un prisonnier se précipita vers le bureau, tout important et tout ému. C'était un petit bourgeois, court et rond, mais assez vil. Je sais son nom, mais je ne le dirai pas. Car il se peut, après tout, que ce soient la captivité et la crainte qui l'aient, pour un temps, mué en ce dénonciateur furtif, duquel tout un massacre aurait pu survenir. Il raconta que, dans la salle, d'autres prisonniers échangeaient des signes inquiétants, que sans doute une émeute se préparait, et qu'il ne voulait ni s'en mêler ni en pâtir.

Alors ce fut un beau branle-bas. Rivier courut chez Bernard. Mais Bernard, par bonheur, était absent. Il ne vint que Thomas, mitraillette au poing, avec quelques F.T.P. de renfort. Tout le monde, dans le bureau, s'arma formidablement, jusqu'à la dactylographe, d'espèce molle, qui prit un gros revolver dans un tiroir. Des grenades furent distribuées, des grenades à long manche de bois que chacun se passa à la ceinture. Puis la grande porte fut ouverte, à deux battants. Tout au milieu, un fusil mitrailleur fut braqué sur la salle aux prisonniers, que nous ne voyions pas. Et la bande, l'air féroce, les armes, aux poings, entra dans ce mystère. Jeanne et moi, nous restâmes seuls. Je la tenais par les épaules, pour qu'elle n'eût pas si peur. Et il y eut un interminable quart d'heure de silence lourd, coupé par des vociférations qui nous revenaient, par la porte ouverte, comme des abois. Rivier rentra enfin, avec la dactylographe et le clerc de notaire. Il m'expliqua qu'en effet il se passait des choses suspectes. « Il se peut bien, me dit-il, que les « durs » qui sont dans la salle, les miliciens, les P.P.F. aient été prévenus que la 5e Colonne tentera un coup de main pour les délivrer, et qu'ils se préparent à nous attaquer aussi, du dedans. Mais ils feront bien de se tenir tranquilles, maintenant. » Et, tout fier de ses qualités stratégiques, il m'exposa quelles mesures il avait prises. Il avait fait disposer à tous les coins de la salle des F.T.P. armés de grenades, de mitraillettes ou de fusils-mitrailleurs. Et il leur avait donné l'ordre de tirer dans le tas, au moindre geste suspect.

J'ai appris, plus tard, que les prisonniers avaient passé une nuit de terreur, dans une immobilité et un silence désespérés par lesquels chacun avait défendu sa vie. Vainement, ils s'étaient creusé la tête pour comprendre pourquoi les F.T.P. les accusaient de préparer une révolte, et d'où était venue cette idée qu'il se faisait, dans la salle, des signes inquiétants. Je sais maintenant, à peu près, ce qui s'était passé, tant par les confidences du petit bourgeois que par le récit des témoins. La cause innocente de tout de tumulte était un nouveau prisonnier, que Thomas et ses sbires avaient interrogé un peu durement, dans la cave, et qui était remonté si battu, si tuméfié, et les yeux si meurtris que sans cesse il se passait les mains devant le visage, étrangement, comme pour s'assurer qu'il voyait encore, ou comme pour chasser des mouches. On eût dit, en effet, qu'il faisait des signes. Le petit bourgeois avait eu peur de cette mimique incompréhensible. De là sa visite à Rivier, et toute l'histoire. Pour un peu, toute la salle aurait été nettoyée coups de grenades. Je n'ai pas osé dire son fait au petit bourgeois. Mais j'espère bien, pour sa pénitence, que les F.T.P. ne lui ont point rendu les cinq cent mille francs qu'ils lui avaient pris et qu'il pleurait encore à Drancy, deux mois plus tard.

Il est vrai que j'ai vu pire, ce soir-là. Un autre prisonnier demanda audience à Rivier, vers onze heures. Et il expliqua que, tout compte fait, il était plutôt du côté des F.T.P. que du côté des autres. Il se vanta d'avoir appartenu à des groupes de choc, dans je ne sais plus quel parti. Enfin il proposa ses services, pour le cas où il manquerait d'hommes pour réprimer une tentative de révolte. Rivier le renvoya très gentiment, en lui disant que, si besoin était, on ferait appel à lui. Puis, tourné vers le clerc de notaire, il dit : « Plutôt un bon point pour lui, n'est-ce pas ? » Il n'était pas dégoûté, le capitaine Rivier...

LA PORTE S'OUVRE...

Mais voilà des pages et des pages que j'écris sur notre séjour dans le bureau de Rivier. Je m'accroche à ces heures de grâce. Je m'y complais. On dirait que j'ai peur de franchir la grande porte, en souvenir, comme le 30 et le 31 août nous avions peur d'avoir à la franchir, en fait. Mais, là-bas, le moment était venu, enfin. Et il faut bien que j'y vienne, maintenant encore, dans ce récit... D'ailleurs, du 31 août, je n'ai guère de souvenirs. Peut-être m'étais-je déjà trop accoutumé au va-et-vient, jusqu'à ne plus saisir de détails. Ou plutôt l'angoisse nous prenait, à attendre, à tant attendre sans que rien se produisît. Nous ne nous préoccupions plus que de nous-mêmes... La matinée, pourtant, se passa bien. Vers dix heures, le capitaine Rivier me demanda de l'aider à rédiger, sur mon cas, tout un rapport. Et je suis donc sûr qu'il a, noir sur blanc, proposé notre libération, en des termes presque chaleureux. Mais il attendait mes documents, pour les joindre son rapport. Et Dieu sait si Jeanne et moi nous les attendions aussi !... Ce retard était inexplicable. Au début de l'après-midi, Rivier s'en émut à son tour. Il téléphona à nouveau chez ma concierge, palabra encore avec quelqu'un de la jeune bande qui nous avait arrêtés. Mais sans doute y eût-il, dans la conversation, quelque chose qui ne lui plût pas. Il décida de ne plus attendre, de brusquer les choses, et il envoya à mon domicile deux F.T.P., avec ordre de rapporter eux-mêmes mes documents. Et nous vîmes partir ces deux messagers avec une espèce d'adoration.

Ils revinrent au bout de deux heures. Jeanne leur demanda des nouvelles de Jacques, et ils répondirent qu'ils ne l'avaient pas vu. À vrai dire, ils eurent, en répondant, un air gêné qui aurait dû me faire réfléchir. Mais ils apportaient mes documents. Et je crus tout sauvé. J'étalai mes pièces, une à une, sous les yeux de Rivier. Je lui lus, je lui fis lire les passages les plus importants. Et, pendant un moment, j'ai vraiment été sûr que nous allions être libérés. Rivier avait été très intéressé, en particulier, par le texte d'une circulaire, un peu raide que j'avais envoyée aux adhérents de mon syndicat et qui contenait des attaques, à peine voilées, contre la « relève », contre les nationaux-socialistes français. « Vous avez eu du culot, dit-il, d'écrire et de diffuser cela. Et sous votre signature, encore ! Il y avait là de quoi vous faire envoyer à Dachau ou à Buchenwald. Tout cela est très bon pour vous. Je porte le tout, mon rapport et vos documents, au capitaine Bernard. Je suis certain que vous allez partir. » Tirant sa montre, il ajouta même : « Il est vrai que vous habitez loin. Vous serez en retard pour le dîner, car il n'y a plus de métro. »

Nous avons attendu, le cœur battant, jusqu'à huit heures. Je ne veux pas croire que Rivier nous ait dupés, qu'il nous ait joué toute une comédie. Et je sais un peu ce qui s'était passé, dans les coulisses. Quelques jours après, un F.T.P. m'a conté que, dans l'après-midi de ce 31 août, apprenant que nous avions des chances d'être libérés, les jeunes qui nous avaient arrêtés étaient venus à l'Institut, qu'ils avaient protesté, et qu'ils avaient tout arrêté. Cette histoire est vraisemblable. Ces jeunes libérateurs avaient en effet, depuis la veille, entrepris de déménager, morceau par morceau, tout mon appartement. Cette entreprise était de longue haleine. Et il leur a fallu plusieurs semaines pour emporter, jour par jour, tout ce qui leur a plu. Ils n'entendaient donc pas être si tôt interrompus. Et moi, j'ai été un sot de soulever la question de mes documents, ce qui a donné à Rivier l'occasion de leur téléphoner, de leur envoyer deux F.T.P. de l'Institut, par qui ils ont été sans doute avertis de la menace de nos libérations prématurées. Voilà du moins ce que j'ai su, et ce que je devine... À huit heures, Rivier alla de nouveau voir Bernard. Il revint tout changé, et presque honteux : « Je ne sais, dit-il, ce qu'il y a. Le capitaine Bernard ne veut pas prendre de décision tout de suite. Je suis navré. J'ai ordre de vous faire entrer dans la salle, avec les autres. » Nous nous sommes levés. Un F.T.P., je ne sais lequel, le déserteur allemand, peut-être, nous a fait signe. Et la grande porte s'est ouverte devant nous...

CHAPITRE V

LES TUEURS

Cinéma

La grande porte ouvrait sur une salle de cinématographe. C'était là sans doute où, en d'autres temps, les étudiants en dentisterie assistaient à des projections relatives à leur art. La salle était haute, vaste, éclairée à droite et à gauche par d'immenses fenêtres qui, partant de hauteur d'homme, montaient jusqu'au plafond. Et, comme elle avançait dans les jardins, à la façon d'un promontoire, on pouvait voir, par les fenêtres, des arbres en feuilles, des arbres en fruits qui penchaient la tête, au moindre souffle, comme vers nous. Même, en se levant sur la pointe des pieds, on voyait, plus loin, des maisons et, derrière la grille des jardins, l'avenue de Choisy, avec son mouvement, avec des voitures, avec des hommes libres.

Des fauteuils profonds, munis de larges accoudoirs de bois plat, comme pour prendre des notes, faisaient face à l'écran, sagement rangés. Au fond, sous l'écran, une petite scène, haute environ d'un mètre, tenait presque toute la largeur de la salle et ne laissait, à droite et à gauche, que la place de deux étroits réduits, ouvrant face à face, et qui avaient dû, aux temps studieux, servir au rangement des accessoires. Sur la scène, une longue table, et quelques chaises. Sous l'écran, un grand tableau noir. Et, sur ce tableau, en lettres d'écolier appliqué, énormes, dominateurs, agressifs, s'étalaient ces vers, que je sais maintenant par cœur et qui ont hanté, interminablement, nos jours et nos nuits :

O vous tous qui êtes ici,
Méditez bien les paroles que voici
Vous êtes ici devant la justice des ouvriers
Qui depuis longtemps sont vos prisonniers.
Dans cette salle plane le respect de nos morts
Que vous avez assassinés toujours à tort.
Faites un compte rendu de votre conscience.
Vous comprendrez que nous avons de la patience,
Car pour certains individus qui sont ici
La mort seule les délivrera de leurs soucis.

NOUS PRENONS PLACE

Je vous jure pourtant qu'il n'y avait pas de quoi rire. Car sur chaque fauteuil était assis un prisonnier, silencieux, pétrifié, et condamné, sans répit, à repaître ses yeux de cette haine en vers boiteux, en mots d'enfant. Même sur les strapontins il y avait du monde. Mais c'est à peine si, à notre arrivée, quelques têtes, peureusement, se retournèrent vers nous. La consigne, comme nous allions l'apprendre, à notre tour, était de ne pas parler, de ne pas se retourner, de se tenir droit, et même de ne pas pencher la tête en avant, et même de ne pas dormir, hors des heures désignées pour le sommeil, et même de ne pas mâcher, de ne pas manger, hors des heures désignées pour les repas... Nous ne vîmes donc, en entrant, que comme un archipel de nuques...

Notre gardien nous poussa vers la scène, où siégeaient trois ou quatre F.T.P. des deux sexes, derrière la table sur laquelle ils avaient disposé tout un attirail de guerre : revolvers, mitraillettes, grenades, fusil-mitrailleur. Il fallait donner nos noms à cet aréopage, et, en particulier, à un sergent massif, rougeaud et hilare, qui répondait au nom de Maurice. Maurice, donc, prit nos noms, avec application, puis il s'occupa de nous placer. Il émit la prétention de nous séparer, sous le prétexte « de ne pas placer les uns auprès des autres les prisonniers qui étaient impliqués dans une même affaire. » Mais il avait compté sans ma femme qui, d'un verbe véhément, l'assaillit aussitôt. Elle dit que son affaire, à elle, était de me soigner, que j'étais malade, et que ce serait trop cruel, trop inhumain de m'arracher à ses soins. Par bonheur, elle fut aidée par la dactylographe d'espèce molle, qui nous avait suivis et qui, réveillée, fut secourable à souhait. Il y eut, à voix basse, tout un conciliabule, et j'entendis la dactylographe expliquer que notre cas était « un peu spécial », que nous allions sans doute être bientôt libérés et qu'il n'y avait pas d'inconvénient à nous laisser ensemble.

Un peu de faveur, donc, nous était conservée. Et j'en fus tout réconforté. Mais il n'y avait pas, côte à côte, deux fauteuils vides. Aussi nous plaça-t-on à l'écart, sur deux chaises, dans un coin, tout au fond de la salle, sous un balcon qui courait d'un mur à l'autre, face à la scène. Ce fut à la fois un désagrément et un avantage. Le désagrément était que les chaises ne valaient pas les fauteuils. Nous avons eu occasion, au cours de longues journées, de le constater dans tous nos os. Mais l'avantage était que nous étions l'un près de l'autre. Nous avons pu échanger des paroles, quand nous avons su parler comme il convenait, sans tourner la tête, sans trop desserrer les lèvres. J'ai pu, aux moments lourds, prendre

Jeanne par la main, la serrer contre moi. Ce petit coin, d'ailleurs, était tout prédestiné. Ce sont bien les coins semblables que les amoureux recherchent, dans les cinémas, tout au fond, sous les balcons, où il fait plus sombre. Un jour j'en ai fait la remarque à Jeanne. Et elle a ri, avec tendresse, avec tristesse. Il faut bien rire un peu.

Prisonniers

Mais un autre inconvénient était que, dans notre coin, nous n'apercevions, devant nous, que des nuques, et des nuques encore, comme à notre entrée. La première fois où les prisonniers ont pris, pour moi, visage et vie, ce fut quand je me retournai pour gagner ma place, après notre inscription. Toutes les têtes nous fixaient, les têtes barbues, les têtes rasées. Et c'était une étrange confrontation. Rien de plus déconcertant, rien de plus inquiétant, pour un nouveau prisonnier, que ces regards sans un sourire, dans ces visages muets, et pourtant qui savent... Je devinais, je voyais qu'ils avaient tous quelque chose à dire, sur ce qu'ils avaient subi, et sur ce qu'ils savaient que, nous aussi, nous allions subir. Mais rien, rien que ces regards... Je ne vis, d'ailleurs, du premier coup d'œil, personne de connaissance. Je savais seulement que beaucoup devaient être du P.P.F., du R.N.P. ou des Milices, et, neuf comme j'étais, je pensais que, s'ils m'avaient connu, ils n'auraient pas manqué de rire au-dedans, en me voyant arrêté comme eux, et mêlé à eux, après tout ce que j'avais fait pour les combattre, avec mes camarades des syndicats. Mais c'étaient de mauvaises pensées. Il n'y avait plus, il ne pouvait plus y avoir d'ironie, ni de ressentiment dans ces malheureux. Plus tard, à Drancy, j'ai vu renaître des, hostilités dans la sécurité relative que nous avions retrouvée, dans l'assurance, du moins, que tous avaient enfin de ne pas être abattus, sommairement, dans une cave, et de ne plus être affamés à mort, en quelques semaines. Mais, à l'Institut, la mort était trop près, le danger était trop grand, et trop pareil. Tous les différends, toutes les différences étaient comme effacés. Et toute cette troupe d'hommes en misère et presque en agonie était devenue miraculeusement perméable à une précieuse fraternité. Personne ne demandait à personne d'où il venait, ce qu'il avait pensé, ce qu'il avait fait. Un prisonnier, pour les autres, c'était seulement un autre homme, un autre homme qui souffrait, qui résistait, et tout dépouillé de ses anciennes pensées, de son parti, de son rang. Certes, chacun était bien un peu fermé sur soi, sur sa faim, sur le souci de son propre destin. Mais c'était qu'il n'y avait guère moyen de s'entraider. Quand, par hasard, il y eut moyen, j'ai vu, comme un rayon dans l'orage, de beaux éclairs d'homme, de pieux mouvements d'humanité. Et c'est pourquoi j'ai gardé, malgré tout, de clairs souvenirs de mes prisons. Les prisonniers, souvent, m'ont consolé des geôliers...

Louis L'Hévéder

Comme nous venions de nous asseoir, dans notre coin, je vis, au dernier rang des fauteuils, à quelques mètres devant moi, un prisonnier qui se baissait, pour être caché par un dos, et qui se tournait vers nous. Il nous fit un pauvre sourire, un geste timide de la main. Et Jeanne me dit : « Regarde, c'est L'Hévéder ! » C'était L'Hévéder, en effet, le député de Lorient. Avant-guerre, je l'avais un peu connu, car c'est un socialiste de l'équipe de Paul Faure, avec laquelle j'ai pris quelques contacts. Mais je le reconnus à peine. C'est un tuberculeux, qui n'a pu vivre qu'à force de soins. Et la guerre lui a été dure. Les bombardements l'ont poursuivi avec une étrange persévérance, détruisant une première fois sa maison, et détruisant une seconde fois la maison où il s'était réfugié. Je l'avais, quelques semaines auparavant, rencontré dans les jardins du Louvre. Et il m'avait déjà paru bien amaigri, bien vieilli. Mais, à l'Institut, il me fit peur. Il n'était plus que le simulacre décharné, osseux et barbu de lui-même. Il y avait comme une fièvre inépuisable et dangereuse dans l'éclat de ses yeux. Et cette toux, surtout, cette toux bizarre qu'il toussait en tirant la langue, comme s'il avait été pendu. Ils avaient fait ça de L'Hévéder... Et je compris, bien vite, qu'ils le détestaient inexplicablement. Ils virent qu'il s'était retourné vers nous. Aussitôt une voix commanda :

« L'Hévéder, debout ! Mettez-vous face au mur, les mains en l'air ! » Et L'Hévéder est resté debout, pendant trois quarts d'heure, les bras levés, les bras qui retombaient, de fatigue, et qu'il lui fallait bien vite relever, sur un jappement venu de la scène. Ses pauvres bras parfois qui tremblaient comme dans le vent, quand il toussait... C'était un de leurs supplices. Un tout petit supplice, entre autres...

Pourtant, L'Hévéder parvint à me parler un peu. Il profita de la relève de nos gardiens pour me glisser, dans un souffle :

« Vous avez de la chance tous les deux. Maintenant ils n'ont plus le droit de fusiller. Dis à ta femme qu'elle ne s'inquiète pas trop. Nous nous en tirerons, maintenant. » Il réfléchit et il ajouta : « Il faut seulement tenir. » Tenir... Tenir ? Je ne savais pas ce que cachait ce mot. Je ne m'en inquiétai pas. C'était l'allusion aux fusillades, surtout, qui m'avait mis la puce à l'oreille. Je brûlais d'en savoir plus. Et j'y parvins. Car je m'initiai, assez vite, aux coutumes du lieu. Il y avait, tout de même, quelques moyens de communiquer entre prisonniers. Par exemple, quand le sergent Maurice était seul à commander dans la salle, il était souvent possible de parler sans risque à voix basse, de voisin à voisin. Car c'était un assez bon gros. Il n'était redoutable que par son tempérament sanguin, qui le portait à serrer d'un peu trop près les prisonnières qui étaient jolies... Ou bien, il y avait le moyen de se rencontrer aux W.C. ; car les F.T.P., parfois, faisaient mal leur compte, et laissaient les prisonniers sortir à deux, ou trois. J'eus donc l'occasion de converser, de temps en temps, avec L'Hévéder, ou avec son voisin, François Janson, un journaliste, qu'il me fit connaître, et qui avait réussi à prendre bien des notes, sur des bouts de papier. Et c'est ainsi, peu à peu, que j'ai appris ce qui s'était passé avant notre arrivée. Par bonheur, avant, comme nous dit L'Hévéder. Ce doux L'Hévéder, qui, lui aussi, était bien naïf...

Derrière le mur

Et voici ce qui s'était passé, avant... C'est assez simple, en somme. Ils avaient tué, tout simplement. La chose fait de l'effet, quand on la dit, quand on l'écrit, comme ça. Mais il paraît qu'ils faisaient la chose avec simplicité. Sans manières. Sans enquêtes. Sans juges. Sans avocats. Sans faire languir le client. Ils tuaient tout tranquillement, tout naturellement, tout bonnement, comme ils auraient fait autre chose, dans le commerce. Sans hésitation, sans remords d'aucune sorte. Ils riaient, parait-il, en adossant leur « bonhomme » au mur, ils plaisantaient, ils le plaisantaient... Et il y avait les femmes F.T.P. qui, de partout, venaient voir ça. D'intrépides femmes, qui riaient elles aussi, qui chantaient même, quand on adossait et quand on mitraillait le bonhomme...

Et je te jure bien, lecteur, que je n'en rajoute pas. Je n'en ai pas envie. Crois-tu qu'un homme ait plaisir à savoir ça, à se ressouvenir de ça ?... Mais il en a été comme ça. Et me l'ont conté, les uns après les autres, tous les prisonniers qui avaient entendu les rires, les chants, et les balles, soudain, qui claquaient derrière le mur, devant eux. Car c'était à un mur de la salle, au mur du fond, au mur derrière le tableau noir que, le plus souvent, ils adossaient le bonhomme. Tous, dans la salle, entendaient tout. Et vous pensez comme toutes les oreilles étaient aux aguets, et tous les souffles retenus, quand il se passait ça, derrière le mur. Il n'y a pas chance que ces témoins aient été distraits, ni qu'ils aient dormi...

D'ailleurs, je veux citer un autre témoin un F.T.P. Un jeune homme de vingt ans, sain, fort et beau, comme on est à cet âge. Il était habillé en marin, je ne sais pourquoi. Et il était des plus gentils, quand il montait la garde. Il nous laissait parler. Il parlait avec nous. Il m'a donné des mégots, quelquefois. Ma femme, donc, l'a questionné, un soir, sur les fusillades. Et il a-répondu qu'il n'en manquait pas une. « Moi, a-t-il dit, j'adore ça. Je suis toujours volontaire, pour fusiller. Et je tire à la tête, tout le temps. J'aime ça. » Alors ma femme lui a dit : « Mais vous me parlez gentiment, maintenant. S'il fallait me fusiller, tout à l'heure, est-ce que ça ne vous ferait rien ? Est-ce que vous le feriez ? » Et il a répondu : « Et comment ! Je serais encore volontaire. Que voulez-vous, j'aime ça ! » Jeanne n'a plus voulu lui parler, ensuite. Elle avait tort. Moi, j'ai réfléchi que ces jeunes gens n'ont jamais fait d'autre travail, dans leur vie. À peine adolescents, ils ont appris à tuer, à tirer à l'homme, à tirer au ventre ou à la tête, selon leurs goûts, comme celui-là. Ils n'ont jamais fait que ça. Ils en ont pris l'habitude. On doit prendre l'habitude de tuer des hommes comme on prend l'habitude de tuer des cochons.

LA FEMME QUI RIAIT

L'Hévéder a vu comme ils s'y prenaient, un matin. Il avait été envoyé en corvée, de très bonne heure, dans les jardins, avec un autre prisonnier, nommé Guichet. Le matin était tiède et piquant. Un de ces matins d'août où le monde a le réveil d'un enfant. L'Hévéder et Guichet avaient reçu l'ordre de creuser chacun une fosse à une vingtaine de mètres du triste mur. Et Guichet avait peur. Il s'imaginait que c'était sa tombe qu'on lui faisait creuser là. Mais L'Hévéder, qui savait un peu les choses, le réconforta : « Non, dit-il, c'est pour vider les W.C. Mon vieux, c'est pour de la merde ! Ça nous portera bonheur... » Et les deux gaillards de creuser.

Ils creusaient toujours quand les F.T.P. vinrent avec une femme qui riait. Tous m'ont parlé de cette femme à l'Institut, mais je ne sais pas bien encore qui elle était. Le bruit courait, parmi les prisonniers, que c'était la patronne d'un café situé près de la place d'Italie. À la Police Judiciaire, on m'a dit, au contraire, que c'était la femme d'un mécanicien-dentiste. Toujours est-il que son mari et elle avaient été arrêtés par les F.T.P., dès les premiers jours. Sur ce qu'on leur reprochait, je ne suis pas non plus très renseigné. Les uns disent qu'on les avait vus sur les toits, d'où étaient partis des coups de feu. D'autres prétendaient qu'on avait trouvé, dans leur cave, un poste émetteur de nature suspecte. Tout cela n'était pas bien clair, et aurait mérité d'être éclairci.

Mais ce qui est sûr, c'est que les F.T.P. ont jeté le mari sous un tank, pour commencer. Puis ils ont amené la femme à l'Institut. Et ce fut un beau tapage. Cette femme était peut-être devenue folle, à voir ce que le tank laissait derrière lui. Il était des prisonniers qui pensaient, plutôt, qu'elle simulait la folie. En tout cas, c'était une drôle de gaillarde, forte en gueule, et sans un atome de peur. Pendant les quelques jours qu'elle a passés dans la salle, elle a été, pour les F.T.P., comme une épine dans la peau. Elle leur riait au nez. Elle les narguait, du matin au soir. Ou bien, tout à coup, elle se mettait à les traiter d'assassins, aussi fort qu'elle pouvait crier. Ils ont tout essayé, pour la faire taire. Ils l'ont chaque jour frappée à coups de matraque, jusqu'à l'assommer, devant tous les prisonniers. C'était devenu comme un spectacle de la maison. Mais ils ne parvenaient pas à éteindre ce rire, à éteindre cette voix. Alors ils l'ont adossée au mur, dans le matin tiède, devant L'Hévéder et Guichet qui creusaient chacun leur fosse, à vingt mètres de là. Il parait qu'elle riait encore, qu'elle les insultait encore, la garce... C'était un homme, que cette femme. À moins qu'elle ne fût folle, après tout... Ils lui ont lié les mains, derrière le dos. Puis ils lui ont bandé les yeux. Alors elle leur a tiré la langue pendant qu'ils visaient. Elle leur tirait encore la langue, quand la salve a éclaté. Et ils se sont enfin éteints, ce rire et cette voix... Mais le plus beau, je le sais maintenant, c'est que, quelques jours après, les F.T.P. ont dû coller une petite affiche sur la porte de la morte, pour expliquer qu'il y avait eu erreur, et pour s'en excuser. Tout cela avait été pour rien. Le tank. Les matraques. Le mur. C'est vraiment une histoire de fous...

LE PETIT GODARD

Mais L'Hévéder et Guichet n'étaient pas au bout de leurs émotions. Dix minutes après, les F.T.P. ont amené Godard. Godard, c'était le jeune homme qui s'était jeté du second étage, la veille, parce qu'on le torturait trop. Il n'était pas bâti à chaux et à sable, comme la patronne de café, ou la femme du mécanicien-dentiste, enfin cette espèce de démente dont je viens de parler. Il n'avait que vingt ans. Mais il avait appartenu à la L.V.F., le petit imbécile. Et les F.T.P. n'aimaient pas ça. Ils l'ont battu et torturé plusieurs fois, là-haut, au second étage, avec je ne sais quelle science chinoise. C'était trop pour ce petit Godard de vingt ans. À un moment, sans doute, il n'a pu endurer plus, de tout son corps d'enfant qui souffrait, qui saignait. Il a voulu échapper, n'importe comment. Il s'est jeté à travers la fenêtre, emportant au passage du bois, des vitres. Et ils l'ont ramassé en bas, les jambes brisées. Un d'eux l'a rapporté dans la salle, sur son épaule. Et les jambes de Godard lui pendaient dans le dos, comme des choses mortes. Ils l'ont jeté sur une paillasse, dans un coin. Il est resté là, toute la nuit. Et ce fut une drôle de nuit. Personne n'a pu dormir. Les prisonniers, jusqu'au matin, ont entendu le petit Godard, qui avait voulu fuir la torture, et qui n'avait pas réussi. Il a souffert toute la nuit d'autre torture, par ses jambes brisées. Il criait de douleur. Il appelait sa mère. Ou bien il râlait, longuement, comme s'il allait mourir. Nul ne l'a soigné, puisqu'il devait être fusillé au matin. C'eût été du temps perdu. Les F.T.P., parfois, en passant, le traitaient de salaud, et lui ordonnaient de se taire. Au matin donc, ils l'ont amené jusqu'au mur, sur un brancard. L'Hévéder et Guichet ont vu qu'ils essayaient, de le mettre debout, de le faire tenir, tant bien que mal, en l'appuyant au mur, pour le fusiller selon les règles. Mais le petit Godard s'est aussitôt effondré, sur ses jambes brisées. Alors ils l'ont remis sur le brancard, et ils l'ont tué dessus. C'est ainsi qu'il a fini de souffrir, le petit Godard…

L'Hévéder et Guichet ont vu tout ça. Il y avait de quoi être malade. Mais j'ai idée que les prisonniers, en ce temps-là, devaient être comme repus d'horreur. Il doit y avoir un degré où l'épouvante plafonne, et ne peut plus monter plus haut. Ou l'habitude vient au secours, la précieuse habitude, qui toujours limite le malheur, qui toujours sauve un peu de l'homme, quand on le croirait tout entier éperdu. En tout cas, L'Hévéder avait gardé assez de lucidité pour bien voir les choses, quand il est revenu par là, une demi-heure après. Les deux morts avaient été couchés, côte à côte, sous une capote allemande, auprès d'un bouquet de fusains. Et L'Hévéder remarqua que déjà on leur avait retiré leurs chaussures…

ERCKEL

Je connais une autre histoire de chaussures. Le héros, bien involontaire, était un nommé Erckel. Erckel avait été, aux jours de la Libération, officier chez les F.F.I. Il avait pris part à de nombreux combats, dans le sud de Paris. Il raconta même que l'acteur Aimos avait été tué à ses côtés, dans sa voiture, pendant la bataille. Mais les F.T.P. l'avaient arrêté le 24 août, à la porte de Vanves, l'accusant de jouer double jeu et de renseigner les Allemands. Et Erckel fut, à son arrivée, très remarqué, car c'était le plus élégant, le plus impeccable des officiers de la Libération. Mince, grand, avec une tête de hobereau prussien. Tout son uniforme flambait neuf : le casque, brillant de vernis noir, le baudrier et le ceinturonrevolver, d'un jaune éclatant, et jusqu'à la chemise d'un vert foncé, et la cravate du même ton, exquisément nouée. Mais rien ne valait les bottes. Car il avait des bottes noires qui étaient un spectacle. Et c'était vraiment une indécence, dans cette disette du cuir, que de porter de semblables bottes, hautes, larges et jetant des feux. Ces bottes étaient comme des témoins à charge contre lui. Et les F.T.P. ont donc emmené Erckel dans les jardins, le lendemain même de son arrivée. Il y a eu une salve. Ils ont raconté ensuite qu'ils avaient exposé le cadavre dans la rue de Vanves, avec, sur la poitrine, un écriteau portant ces mots : « Ainsi meurent les traîtres. » Mais celui-ci n'était tout au plus qu'un traître déchaussé. Car, deux jours après, un F.T.P. portait, à son tour, les bottes noires. Un F.T.P. connu sous le nom de Jean, et qu'entre nous nous nommions Jean-le-Bourreau. Il paraît que ce Jean est un instituteur. Et il lorgnait les bottes, de haut en bas, tout fier de lui. Il demandait à ses camarades si elles lui allaient bien. Pourtant, à sa place, je me serais méfié. Ces bottes n'avaient pas la mine de bottes qui portent chance.

Le cordonnier

Mais, puisque j'en suis à des histoires bottes, il faut que je conte aussi l'histoire du cordonnier. C'était un cordonnier politique. Il habitait, m'a-t-on dit, rue de la Glacière. Mais je n'ai pas vérifié. Je ne sais pas, non plus, son nom. On me l'a décrit comme un homme d'une cinquantaine d'années, calme, plutôt malingre, et un peu boiteux. Toujours est-il qu'il avait appartenu au P.P.F. Ni plus, ni moins. Il avait mal pensé, autrement dit. Mais c'était un crime, à l'époque. Un crime capital. Les F.T.P. n'ont pas cherché à en savoir plus. Ils l'ont amené à l'Institut, un jour, vers dix-sept heures. Et c'était quelques heures avant le dernier bombardement de Paris par l'aviation allemande. Le capitaine Rivier, lui-même, a fait entrer et asseoir le cordonnier. Il lui a dit : « Toi, tu étais du P.P.F. Tu connais le tarif. Tu seras fusillé dans une heure. Les tiens en faisaient autant aux nôtres. C'est ton tour. » Le cordonnier a été très bien. Il n'a pas pleuré, comme un Demamgeot. Il a seulement répondu, sans trop se troubler, qu'il n'avait, lui du moins, jamais tué, jamais fait de mal à personne. Alors Rivier lui a proposé un marché. « Tu as un moyen, a-t-il dit, de t'en tirer. C'est de donner les noms et les adresses de dix de tes camarades. » Et il lui a donné une feuille de papier blanc. Le cordonnier n'a rien dit. Mais, quand Rivier fut parti, il a pris la feuille de papier, il en a fait une boulette, et il l'a jetée devant lui, sans un mot. Il souriait seulement, d'un sourire qui donnait, aux autres, l'envie de lui serrer la main. Il a ensuite rêvé, après avoir souri. Et c'est alors qu'il y a eu une scène qu'on n'invente, pas, Une prisonnière, qui était devant le cordonnier, s'est retournée, et elle lui a dit : « Mais, dites donc, vous êtes bien mon cordonnier ? » Et c'était bien le cordonnier de cette femme. Elle lui a rappelé qu'elle lui devait six francs. Et le cordonnier a reconnu que c'était bien la somme. Elle lui a donc donné six francs. Et il les a mis dans sa poche comme une chose due. Car il est dans la nature des hommes, tant qu'ils vivent, de continuer à être comme ils sont, de persévérer dans leurs petites habitudes, dans leur petite honnêteté, dans leurs petites règles... Le cordonnier a recommencé à rêvasser, après ce règlement. D'ailleurs, Rivier n'est point revenu, au bout de l'heure. Jusqu'à dix heures, les F.T.P. ont laissé le cordonnier à ses rêvasseries, comme s'ils l'avaient oublié. Mais ils se souvenaient bien. À dix heures, un de leurs officiers, connu sous le nom de Robert, est venu s'asseoir derrière la grande table, sur la scène. C'était un beau gars, grand, tout habillé en kaki, zébré de galons d'or. Il n'était plus à l'Institut de mon temps. Mais il paraît que c'était un fin parleur, de l'espèce qu'on voit dans les réunions publiques. Il faisait aux prisonniers de grands discours sur la Patrie, sur la justice et sur leur indignité. Il a été moins bavard, ce soir-là. Il a fait venir le cordonnier. Et, par-dessus la table, il l'a giflé deux fois, comme ça, d'emblée, une fois à gauche, une fois à droite. Puis il lui a dit qu'il fallait maintenant les noms. Non plus dix, mais vingt, puisque les dix n'avaient pas été donnés à temps. Enfin il a fixé un dernier délai, qui expirerait à onze heures. Et le cordonnier est revenu à sa place, sans rien dire. Un F.T.P. a posé, sur le bras du fauteuil, un stylomine et une autre feuille de papier blanc. Et le cordonnier n'a encore rien dit. Il est resté là, pendant une heure, à rêver encore, à retourner des choses dans sa tête, auprès de cette feuille de papier. Mais il n'a pas touché au stylomine. Au bout de l'heure, la feuille était blanche. Le cordonnier a dit alors une chose toute simple. Il a dit qu'il ne voulait pas. Et ils l'ont emmené au mur. Mais il paraît que l'exécution a été ratée. Une jeune fille des F.T.P., connue sous le nom de Gaby, y assistait, car elle n'en manquait pas une. Elle a, un jour, raconté la scène. Jean, dans les bottes d'Erckel, commandait le peloton. Et sous la salve, le, cordonnier est tombé. Mais il n'était pas mort, encore. Et il semble qu'enfin, quand il a été là, par terre, sa force s'est retirée de lui. Il a dit :

« Que je souffre, Seigneur ! Faites-moi mourir... » Et Gaby, à ce moment du récit, de dire : « Nous, vous pensez comme nous rigolions ! » Ils ont donc rigolé, à ce qu'elle dit. Mais ils ne l'ont pas fait longtemps. Ils n'ont même pas eu le temps d'achever le cordonnier. Les bombes, tout à coup sont tombées dans le quartier, et même dans les jardins. Les F.T.P., aussitôt, se sont réfugiés dans les caves, pendant que trois ou quatre d'entre eux, braquant des fusils-mitrailleurs, massaient les prisonniers dans un coin de la salle, pour les faire tenir tranquilles, malgré les femmes en épouvante. Le cordonnier a dû mourir tout seul, pendant ce temps-là, sous un ciel d'apocalypse. Tout seul, sans avoir dit un nom... Salut à toi, cordonnier !

ET D'AUTRES ENCORE

Il y en a eu d'autres, encore... Il y en a eu bien d'autres, dont j'ai oublié ou dont je n'ai pas su l'histoire. Il y a eu, par exemple, le planton de la L.V.F. C'était un blond, m'a-t-on dit, avec une belle barbe blonde. Il avait, avec sa barbe, une tête de peintre, comme Murger décrit les peintres. Ou une tête de Christ. Il n'a pas fait long feu, lui non plus. Il s'était défendu en expliquant qu'il n'avait jamais rien fait d'autre, à la L.V.F., que de porter des plis, qu'il n'était pas allé au Front de l'Est, qu'il n'avait pas combattu. Mais il avait été de la L.V.F. Et, à l'époque, cela suffisait. Il a demandé d'écrire à sa famille, avant de mourir, On le lui a permis. Et il a écrit, pendant trois quarts d'heure, plusieurs lettres, de longues lettres. Des lettres qui, sans doute, ne sont jamais parties, car nous avons appris que les F.T.P. ne laissaient aucune lettre sortir de l'Institut. Il était assez calme, d'après ceux qui l'ont vu. Au bout de trois quarts d'heure, les

F.T.P. lui ont demandé s'il avait fini. Et il a répondu que oui. Alors ils l'ont emmené, mais nul n'a pu me dire pourquoi ils l'ont fusillé comme un lâche, dans les reins...

Il y a eu, encore, une frêle petite femme d'une vingtaine d'années, assez pauvrement vêtue d'une robe défraîchie, où dominait le rose. C'était la femme - épouse ou maîtresse - d'un journaliste du « Cri du Peuple ». Et les F.T.P, l'accusaient d'avoir été, par-dessus le marché, la maîtresse de Jean Hérold Paquis. Le Jean Hérold, lui, s'était enfui en Allemagne, comme on sait, et il continuait à étonner le monde en annonçant, aux quatre vents, que l'Angleterre, comme Carthage, serait détruite. Mais les F.T.P. tenaient sa maîtresse ou une femme qu'ils croyaient telle. C'était déjà ça. C'était comme un peu de lui, sur quoi passer leur rancune, Je crois bien que si Paquis avait eu un chien, et s'ils avaient attrapé ce chien, ils lui auraient fait son affaire, au chien de Paquis. Mais sa maîtresse, pensez donc ! Ils l'ont d'abord gardée quelques jours à l'usine Hispano, où L'Hévéder et Janson étaient déjà de la fête, et ont vu le spectacle par le commencement. Ils l'ont battue, copieusement, à coups de corde. Et elle criait, la pauvre, elle criait. Mais attrape, Paquis ! Puis ils l'ont amenée à l'Institut. Un soir, ils sont venus la chercher, en lui disant que quelqu'un était là, qui était venu déposer pour elle. Et elle est sortie toute contente. Mais elle a dû vite comprendre, à leur mine, que ce n'était pas pour ça. Et c'était une petite femme qui voulait vivre. Elle leur a échappé, elle a couru en tous sens, dans l'Institut, comme qui cherche une sortie. Les autres couraient après, tiraient dessus. Ils l'ont rattrapée dans l'escalier qui mène aux cuisines et ils l'ont abattue là. Attrape, Paquis !...

TOTAUX

Et il y en a eu d'autres, bien d'autres... Combien ? Je ne sais pas. Cinquante, au moins. Ou cent. Je ne sais pas. Il y en a eu que les familles cherchent encore. Il y en a eu qu'on retrouve dans les caves. Il y en a en qu'on retrouve dans les terrains vagues. Il y en a eu qu'on retrouve dans la Seine. Il y en a eu qu'on retrouve dans la Marne. Il y en a eu qu'on retrouve par- tout. Au début, les F.T.P., souvent, ramenaient le cadavre à domicile et ils l'étendaient sur le trottoir, ou sur le seuil, devant sa porte, pour que tout le quartier n'en ignorât rien. C'était de la propagande à la mode d'août 1944. Mais, plus tard, ils ont plutôt caché les cadavres. Dans un trou, sans dire où. Ou dans l'eau, avec une pierre au cou. Aussi ne sait-on pas, encore, combien il y en a eu. Je sais, d'après ce qu'on m'a dit à la Police Judiciaire, qu'à l'Institut il y en a eu au moins cinquante. Mais c'est vraiment un minimum. Car il faut attendre que la Brigade Fluviale ait fini de draguer la Seine, la Marne, les canaux. Il faut attendre que les promeneurs aient fini de trouver des macchabées, en cherchant des coins tendres, dans les bois. Il faut attendre qu'on connaisse tous les trous, tous les charniers. Et il faut attendre qu'on ait recensé, qu'on ait reconnu tout ça...

C'est du travail. Car il y en a eu. Dans toute la France, y en a eu des milliers, et des milliers. Faisons un compte, si vous voulez. Le compte le plus bas. Je compte bien qu'en moyenne il y a eu trois cents exécutions sommaires par département, dans les premières semaines de la Libération. Et je vous assure que je compte très bas. Même dans le doux département où je suis né, je connais, à quelques pas d'une petite commune, tout un fossé joli, sous les buissons, où il parait qu'on en a enterré plus de cent. Et vous pensez si je suis au-dessous du compte, pour le Midi ! Mettons donc trois cents. Pour 89 départements, cela ferait donc vingt-six mille sept cents cadavres. Et il faut ajouter quelque chose, tout de même, pour les grandes villes, pour Bordeaux, pour

Lyon, pour Marseille, pour Paris, où le pourcentage a été en rapport avec la population. Je crois que quarante mille est un chiffre tout ce qu'il y a de modeste, et de sûr... Mais je ne serais pas étonné s'il fallait le multiplier par deux, ou par trois...[2]

LES IMPUDEURS

Aussi peut-on penser de quelle humeur nous étions, en octobre ou novembre, à Drancy, quand nous lisions sur « L'Humanité », sur « Le Populaire » ou sur « Le Franc-Tireur », des articles contre la lenteur et la faiblesse de l'épuration ! C'est sur « Le Franc-Tireur » de M. Bayet, je crois, que nous avons lu le plus beau, après l'exécution de Georges Suarez. Ce journal s'étonnait qu'à Paris on n'eût encore exécuté qu'un seul collaborateur. Et de demander d'autres têtes, et vite... Depuis, ça continue. En ce mois de mars 1945, qui bourgeonne maintenant, il y a encore des journalistes qui font semblant de ne pas savoir. Ils ne tiennent compte que des fusillés officiels, que des mille condamnés par les Cours de Justice dont M. de Menthon, chaque jour, annonce que la liste a été augmentée d'une dizaine. Et de s'étonner du peu. Et d'en réclamer d'autres, d'autres encore... C'est tant de haineuse hypocrisie qu'à peine veux-je y croire. J'aimerais, par exemple, pouvoir me dire qu'Albert Bayet est de bonne foi. Que, s'il se plaint du peu, c'est qu'il ignore les autres, les quarante mille. Mais il le sait, j'en suis bien sûr. Tout le monde le sait, maintenant, et en chuchote. La police, du moins, le sait. Et le fils de M.

---

[2] Au moins par deux, car le ministère de l'intérieur, officieusement, donne des chiffres qui varient entre 80.000 et 100.000 exécutions sommaires.

Bayet est - ou était encore, il y a quelques jours - Directeur du Cabinet du Préfet de Police...

Alors, c'est pire que tout. Car il y a des hommes qui profitent de ce que la censure interdit de parler des exécutions sommaires, de ce que l'étranger ignore les fusillés dans les coins, il y a des hommes qui profitent de ce silence, de cette ignorance, pour réclamer, à tue-tête, d'autres morts, d'autres tas de morts. C'est à bégayer d'horreur. Ces quarante mille - et je compte au plus bas - ces quarante mille cadavres ne leur suffisent pas. Il ne leur suffit pas que, sur ces quarante mille, la moitié, peut-être, aient été des innocents, ou de pauvres bougres si petitement coupables qu'à peine, aujourd'hui, les condamnerait-on à cinq ans de prison, ou à l'indignité nationale. Non, ça ne leur suffit pas. Et puisque, officiellement, on ignore ces quarante mille, ils font comme s'il n'y avait que les mille fusillés de M. de Menthon, et comme si la Libération avait été trop indulgente, trop bonnasse, trop lente à tuer. « Des morts, qu'ils disent, il nous faut encore des morts. Mille, c'est pour rien ! Qu'est-ce que c'est que cette, révolution, qui ne tue pas ? »

Je vous dis que c'est pire que tout, qu'on n'a jamais vu ça... Ou plutôt si, on a déjà vu ça. Il n'y a pas si longtemps. On a vu des hommes comme ça, qui fusillaient les Français, par milliers, dans tous les coins. Mais, sur les journaux, ces hommes n'avouaient que cinquante ou cent fusillés, par ci, par là. Et quand on plaidait auprès d'eux, pour un pardon, ils faisaient les étonnés. Ils disaient qu'ils n'avaient pas beaucoup tué, au total, qu'ils n'étaient pas bien méchants. Ils faisaient eux aussi, comme s'il n'y avait eu que les fusillés officiels, comme s'il n'y avait pas eu les morts de torture, les morts de faim, les morts dans l'ombre, les morts sans communiqué. Ceux d'Oradour, par exemple, ou ceux de Tulle ou ceux de Châteaubriant. Mais il y avait cette différence, tout de même, que ces hommes étaient des Allemands...

CHAPITRE VI

TORTURES ET AUTRES BAGATELLES

LE MAL DE HAINE

Paix, mon cœur, paix !... Le voici qui tressaute quand je raconte tout ça. Et je m'échauffe. Et je m'indigne. Pour un peu, je ruminerais des rancunes, des rages, comme un Bernard. Mais il ne faut pas. Il faut que je demeure en paix, tout au dedans. Il ne faut pas que j'attrape le mal de haine, à mon tour... Certes, c'est un mal qui se prend facilement, comme la grippe. Un homme, en général, le prend du coup, dès qu'il respire, en face de lui, le souffle d'un autre homme qui hait. Les F.T.P., par exemple, ont pour la plupart attrapé cette maladie des Allemands, dans les camps de concentration, à renifler le ricanement de la Gestapo. Et les Allemands, à ce que je crois, avaient pris le mal de haine à humer l'odeur de la misère qui leur a été infligée après 1918. C'est un mal qui remonte, ainsi, d'un homme à l'autre, d'un peuple à l'autre, jusqu'à Caïn. On n'a pas encore découvert de sérum ni de pénicilline contre cette contagion. Et il n'y a que le thaumaturge à la croix et aux clous qui ait, dans la terre aux Juifs, inventé une recette contre la haine, voici deux mille ans. Mais le mal devait être le plus fort. Il est revenu. Il n'a pas fallu longtemps...

Pourtant, j'ai idée que chacun peut s'en guérir, s'il veut bien. Il n'y faut d'autre médecine qu'un peu de gymnastique interne, qu'une, accoutumance à ne pas se concentrer, à ne pas se contracter, à ne pas se tordre, en soi, comme un ver coupé, et qu'une mémoire bien entraînée, à ne conserver que de belles images, et qu'un amour résolu de ce qui est beau, de ce qui est haut. Voilà la médecine. Et si vous m'en croyez, appliquez-la. Car la haine fait vraiment mal. Elle ronge la chair, elle ronge les pensées, elle ronge le repos des nuits, elle ronge jusqu'à la pulpe des jours, qui deviennent tout faibles, tout gris... Les F.T.P. ne le disaient pas. Mais je suis bien sûr qu'ils devaient souffrir. Ils ne savaient plus rire. Ou bien il leur fallait du vin, des filles. Je ne veux, contre eux, d'autre vengeance que réfléchir à tout le mal qu'ils se sont fait, en nous haïssant, comme s'ils s'étaient eux-mêmes griffé le cœur et toutes les sources de joie, du dedans, avec des ongles, sans repos...

L'HISTOIRE DE L'HÉVÉDER

D'ailleurs, j'ai cette chance qu'ils ne m'ont rien fait qui se réveille et qui parle en moi, contre eux, comme une cicatrice. Ils ne m'ont pas torturé. Je ne me souviens même pas qu'ils m'aient insulté. Enfin ils n'ont pas maltraité Jeanne. Je n'ai donc pas de peine à être un témoin assez froid, pourvu que je maîtrise les coups de mon sang, quand je conte ce qu'ils ont fait à d'autres. Mais je connais aussi quelques témoins de sang-froid, et de bonne foi, avec lesquels j'ai reconstitué toute, l'histoire de l'Institut, prudemment, patiemment, comme feraient des greffiers. L'Hévéder, par exemple, est un esprit calme, et doux. Il a, pour moi, éclairci bien des choses, car il avait été arrêté dès les premiers jours, et il connaît l'aventure par le commencement. Ce qui lui est arrivé est d'ailleurs digne d'être conté.

Ce fut encore le hasard qui décida contre lui. Au début de la Libération, il advint, un jour, que des Allemands, fuyant devant les F.F.I., se réfugièrent dans l'immeuble où habite L'Hévéder, au bout de la rue de la Croix-Nivert. Ces Allemands avaient envie de se rendre. Mais ils avaient entendu dire que les F.F.I. parfois, exécutaient leurs prisonniers. Aussi hésitaient-ils entre le danger de se rendre et le danger de combattre. Quelques-uns pénétrèrent, les armes aux poings, dans l'appartement de L'Hévéder. Et vous pensez comme celui-ci eut peur, à la pensée qu'on allait peut-être se battre chez lui, et tout saccager encore, pour la troisième fois. Mais il parle assez bien la langue de Goethe. Il parvint donc à savoir de quoi il retournait. Et, quand les F.F.I. arrivèrent, il joua comme le rôle d'une puissance neutre, entre les deux parties en présence. Il alla de l'un à l'autre, expliquant à l'un que l'autre voulait bien se rendre, s'il avait vie sauve, et expliquant à l'autre qu'il pouvait se rendre, car il avait vie sauve. Tout se passa bien. Les Allemands déposèrent leurs armes, et les F.F.I. les emmenèrent, assez pacifiquement. L'Hévéder resta seul, tout heureux, entre ses meubles rescapés.

Mais il parait que deux F.F.I., des purs, des F.T.P., avaient regardé d'un mauvais œil ce Français qui savait l'allemand... Nous sommes désormais dans une époque où mieux vaut ne connaître ni l'allemand ni l'auvergnat. Je ne connais ni l'un ni l'autre, Dieu merci !... Donc les deux F.T.P. ont dû demander quelques renseignements, chez le concierge, ou au café du coin. Et ils ont appris qui était L'Hévéder. Un munichois. Un pacifiste. Un des « oui ». Du coup, ils sont venus l'arrêter. Et L'Hévéder a d'abord passé quelques jours à l'usine Hispano, où les F.T.P., au début, enfermaient parfois leurs prises, puis il a été emmené à l'Institut. Il y a été gardé jusqu'au 11 septembre, sans qu'on sache trop pourquoi. Car ni Bernard ni même Thomas n'ont osé, tout de même, lui reprocher d'avoir, au lycée, appris l'allemand, au lieu de l'anglais, ou du russe. Mais ils haïssaient l'homme politique. Et Bernard, un jour, n'a pu se tenir de crier : « Vous êtes un ignoble individu ! Vous avez voté la dissolution du Parti Communiste, en 1939 ! » Au fond, c'était peut-être bien pour ça. L'Hévéder a répondu que ce n'était pas sa faute si, en 1939, le Parti Communiste faisait, en pleine guerre, feu des quatre pieds pour le pacte germano-soviétique. Et ils ont failli l'étrangler. Thomas, le juif polonais, a traité L'Hévéder de mauvais Français, en tapant sur la table comme un forcené. Et L'Hévéder a répondu que sa famille était bretonne depuis des générations, mais qu'il était douteux que la famille de Thomas eût de telles racines. Car il a du souffle, L'Hévéder, malgré ses poumons crevés. Ils ne l'ont pourtant pas battu, ni torturé. Ils se sont contentés de l'envoyer de temps en temps au piquet, le nez au mur, et les bras en l'air. Ou de le faire agoniser de faim, malgré sa tuberculose. Somme toute, L'Hévéder a été, lui aussi, un privilégié. Maintenant, il parle de l'Institut avec douceur, avec scrupule. C'est un bon témoin...[3]

« LA JUSTICE DU PEUPLE »

Janson, lui aussi, sait des choses... Et il a tout noté, au jour le jour, sur des papiers qu'il cachait dans ses chaussures. C'est un reporter, par tempérament. Et il ne pouvait se retenir de faire, avec un bout de crayon, ses gribouillages, en lorgnant

---

[3] Il est mort en 1946, malgré tous les soins, et il ne fait aucun doute pour les siens que cette captivité lui avait porté comme le coup de grâce.

partout, de peur qu'on ne le vît. Mais il n'a pas été aussi privilégié que L'Hévéder, ou que moi. Il avait été, un temps, des Croix de Feu, avant 1934. Et, pendant l'occupation, il avait écrit, pour gagner sa vie, dans « Paris-Soir », dans « Aujourd'hui ». C'était beaucoup, pour un seul homme. Je ne sais pas comment ils ne l'ont pas tué.

Le pire fut, d'ailleurs, qu'ils l'avaient amené, d'abord, à l'usine Hispano. Or il y était connu, il était du quartier. Ajoutez qu'à l'usine sévissait la « justice du peuple », c'est-à-dire que deux ou trois cents badauds attendaient, dans la cour, s'excitant les uns les autres, et qu'ils criaient à mort, à tout hasard, dès qu'on amenait quelqu'un. La justice du peuple, c'est la plus grande injustice qui soit. Car une foule, ce n'est point la somme des individus qui s'y coudoient, et qui, d'ordinaire, ont chacun un esprit, un cœur humains, quand chacun, par exemple, est chez soi, entre sa femme et ses enfants. Une foule, c'est comme une bête, comme une grosse bête, qui n'a pas de tête, ni de cœur. Et cette bête, tant elle crie, ne petit entendre quelqu'un qui la prie, ou qui se justifie. Elle n'a pas d'oreilles pour entendre, ou du moins elle n'en a que pour s'entendre, que pour entendre le hurlement de délire qui monte de son entassement, ou que pour entendre le compère qui mène le bal, à grands gestes, à grands coups de gueule, comme un chef d'orchestre qui conduirait un jazz nègre. Aussi la foule condamne-t-elle toujours, et à mort, sans entendre, sans attendre. Et il en est de nos foules comme des foules romaines, qui se pressaient aux jeux du cirque. Même nos foules aiment le sang, la souffrance, la mort. Elles ne veulent pas s'être déplacées, s'être bousculées, s'être entr'étouffées pour rien, pour des grâces, pour des pardons. Il leur faut de l'exceptionnel. Il leur faut des spectacles, à la mesure de la grande fièvre qui les tient, de la miraculeuse insensibilité qui leur est venue. La mort. D'ailleurs, il y a ceci d'enivrant que, quand tout le monde crie à mort, personne ne se sent directement responsable. Ce petit gros, qui crie comme quatre, fera au retour tuer par sa bonne le lapin de la gibelotte, car il a l'âme sensible, et ne peut verser le sang. Il criait à mort, tout à l'heure, mais il se dira, il dira aux autres que ce n'étaient que des paroles, ou que ses voisins criaient plus fort. Voilà le mécanisme. Voilà comment la foule tue. Voilà comment la justice du peuple est la plus aveugle, la plus sourde, la plus atrocement inhumaine. Certes, il arrive qu'elle tombe sur des coupables. Mais elle tombe. C'est là le malheur. Elle tombe comme une pierre, stupidement. Et il arrive très bien qu'elle tombe sur des justes. Comme quand le peuple de Rome, dans le temps, faisait, sans remords, mourir les chrétiens...

JANSON COUREUR À PIED

Mais revenons à Janson. Il fut plutôt mal accueilli, comme bien on pense, à l'usine Hispano. La justice du peuple, à grands cris, réclamait sa peau. Et je répète que c'est miracle qu'il s'en soit tiré. Mais il s'en est tiré. C'est un fait. Il y a de ces chances... Il a dû profiter du désordre, du tohu-bohu, ou plutôt de ce que la justice du peuple est comme un enfant, bientôt oublieuse, bientôt occupée d'un nouveau jeu. Pourtant, il n'a pu échapper à tout. Pendant quatre jours, Jean s'est occupé de lui, activement. Jean le Bourreau. Et ce Jean, à l'usine, était un personnage. Imaginez un grand jeune homme sec, halé, au grand nez, à la triste figure. Une espèce de Don Quichotte au temps de jeunesse. Mais cette comparaison ne vaut que pour l'apparence. En réalités Jean était, dans l'équipe le tourmenteur juré. Je ne sais comment son métier d'instituteur l'avait prédisposé à ces fonctions. Mais il avait, dans ces fonctions, de la compétence, du talent, et presque du génie.

Janson en a fait l'expérience, à son corps défendant. Jean lui a d'abord imposé de marcher au pas de l'oie. Et il fallait lever la jambe, bien haut, bien tendue. Si le mouvement n'était pas exécuté avec assez de grâce, avec assez d'ampleur, Janson recevait un grand coup de crosse sur les talons, quand la jambe coupable revenait à terre. Sur les talons, ou sur les chevilles, où ça tombait. Et la séance durait, en général, de vingt minutes à une demi-heure. Mais ce n'était qu'un hors-d'œuvre. Après quelques minutes de repos, commençait la course sur place. Ça, c'était une spécialité de la maison. Et Jean excellait à commander cet exercice. Pour commencer, il faisait placer le patient selon les règles. Entre deux F.T.P. L'un, par derrière, qui tenait la pointe d'une baïonnette à quelques centimètres des fesses du coureur. Et l'autre, par devant, qui pareillement menaçait le ventre, avec une autre baïonnette, ou avec un revolver. Puis Jean donnait l'ordre de départ. Entendez par là que le patient devait alors courir sur place, à toute allure, c'est-à-dire lever un genou, puis l'autre, aussi vite qu'il pouvait, et sans avancer, et sans reculer, pour ne pas se piquer aux baïonnettes. Mais il arrivait que les baïonnettes piquassent quand même. Car, si le coureur ralentissait trop, un F.T.P. lui enfonçait quelque peu sa baïonnette dans les fesses, ou dans les cuisses, ou même dans le ventre. Et la baïonnette entrait, parfois, de quelques centimètres. À l'Institut, il y avait, chaque matin, une dizaine de, prisonniers qui allaient faire panser, à l'infirmerie, les plaies qu'ils avaient ainsi, reçues en course, et pour lesquels s'asseoir était tout un problème... Mais le pire était que la course sur place était, en général, une course de fond, et comme un marathon. Janson a couru, parfois, plus d'une heure, sans repos, sans répit, entre les baïonnettes. Il avait, le quatrième jour, les chevilles à la taille de ses cuisses. Il n'est pas tombé, pourtant. Il a tenu. Mais, pendant ces courses sur place, il y eut d'autres prisonniers qui tombèrent, d'épuisement, ou qui se laissèrent crouler, de désespoir, comme des tas. Les F.T.P. les relevaient à coups de crosse, à coups de baïonnette, à coups de pied. C'étaient des spectacles d'enfer.

Janson a tenu, comme je viens de dire. Car, malgré la cinquantaine, et plus, c'est un sportif. À l'Institut, il allait, chaque matin, le torse nu, dans les W.C., pour faire, comme à l'accoutumée, son quart-d'heure de culture physique, et des flexions, et des extensions, et tout. À nous, ça paraissait drôle. Mais il avait raison. Il faut avoir un corps. Une âme, ce n'est pas suffisant face à la souffrance. C'est vite parti comme une fumée, s'il n'y a pas un corps, aussi, pour tenir, et pour retenir le tout... En tout cas, Janson a eu de la chance d'être si bien entraîné, physiquement. Car les F.T.P. ne l'ont pas ménagé. Ils ne lui ont épargné que les coups de baïonnette dans les fesses. C'étaient plutôt des gifles, à emporter la figure, ou des coups de poing qu'ils lui donnaient, s'il ralentissait. Quand il était exténué, hagard, ils lui disaient : « Assieds-toi » Et, aussitôt, avant qu'il ait repris souffle, ils le harcelaient de questions, comme celles-ci :

« As-tu connu Déat ? Quand as-tu quitté les Croix de Feu ? » Il en a été ainsi pendant quatre jours, avec des pauses, avec des recommencements. La nuit même, ils venaient le chercher pour recommencer, en le tirant par les cheveux. Et, le dernier jour, Jean avait encore perfectionné sa méthode. Il a fait déchausser Janson, il a saupoudré de sable le fond des souliers, et Janson a dû se rechausser, et courir sur ce sable, interminablement. Il paraît que ce fut le plus dur. Finalement, Jean s'est lassé. Il a peut-être eu un peu honte, devant ce Janson qui tenait toujours. Il lui a dit, le matin du cinquième jour que c'était fini, que désormais il le laisserait tranquille. Et, ensuite, il lui a donné du tabac, à l'Institut. Un peu de pudeur humaine, sans doute, qui remontait du fond. Car, malgré tout, c'étaient aussi des hommes...

AUTRES TORTURES

Il y a eu bien d'autres tortures. D'autres qu'on m'a contées. D'autres que j'ai vues. Mais plus que je puis en redire. Je laisse donc de côté le classique « passage à tabac », que les F.T.P. pratiquaient avec art, retouchant, à coups de poing, les visages, comme des sculpteurs ivres. Je ne veux parler que de ce qui sortit de l'ordinaire, que de ce qui fut caractéristique du milieu et de l'époque. Et c'est ainsi, par exemple, qu'il nous est arrivé, le 7 septembre, un nouveau compagnon, du nom de Laforge, qui habitait Cachan. Le visage, nous ne l'avons connu que quelques jours après, quand il a eu fini de virer du noir an violet, du violet au jaune, et quand il est, des dimensions d'une petite citrouille, revenu è des proportions humaines. C'était le visage d'un brave garçon, tout ahuri. El il y avait de quoi. Car ils lui avaient savamment brûlé les pieds. Ils avaient, sur ses pieds, fait l'essai de plusieurs techniques. Ils avaient d'abord usé d'une lampe à acétylène, puis d'une lampe à alcool. Laforge, quant à lui, n'avait pas découvert grande différence. Mais il avait, depuis de drôles de plantes de pieds. Pourtant il a, lui aussi, sauvé sa vie, celui-là. Je l'ai retrouvé, plus tard à Drancy, où il ne boitillait plus qu'à peine. Et il a été libéré en novembre, je crois. Car on n'avait, contre lui, que le fait qu'il était cousin de Bucard. C'était un malheur, plutôt qu'un crime...

Mais il y a eu d'autres raffinements que la lampe à acétylène ou à alcool. Et voici l'histoire du Waffen S.S. qui a été torturé dans la salle, devant tous les prisonniers. Il avait vingt ans, lui aussi, comme Godard, et il est arrivé tout tuméfié, tout assommé déjà à coups de poing. Mais il n'était pas au bout de ses peines. Ils l'ont fait courir sur place, bien entendu, jusqu'à épuisement. Et ils ont trouvé, ensuite, des supplices inédits. Ils l'ont fait mettre à genoux, sur un manche de pioche. Les pieds, déchaussés, reposaient sur un autre manche d'outil, et portaient sur le coup de pied, de manière que les plantes fussent bien en l'air. Et, dans cette posture déjà incommode, l'agenouillé eut à tenir, à bout de bras, un objet lourd, comme une mitraillette vide. Quand il faiblissait, quand il baissait les bras, ils le frappaient sur la plante des pieds, ou sur les doigts de pied, avec des matraques. Ou bien ils lui ordonnaient de se tenir sur les genoux, les mains en l'air, les pieds en l'air, en équilibre. Essayez un peu. Vous verrez si c'est facile. Naturellement, le Waffen S.S. titubait, perdait l'équilibre et, instinctivement, baissait les mains, pour s'empêcher de tomber. Alors, ils le frappaient avec ses bottes, tenues par le bout de la tige. Le sang coula bientôt du crâne, du visage. L'homme était horrible à voir. Il y a des femmes qui se sont évanouies, à voir ça, à entendre ça...

LA SÉANCE DU 29 AOÛT

Mais la séance du 29 août a été encore plus mémorable. Dans la journée, un détachement des F.T.P. de l'Institut était allé combattre dans la région du Bourget, en compagnie des Américains, contre un noyau de résistance allemande. La bataille fut assez dure. Le soir, quand les combattants revinrent, ils ramenaient trois des leurs morts, et six prisonniers allemands. Ils ont dû boire, abondamment, pour se rafraîchir, pour se consoler, et pour fêter leur victoire, tout à la fois. Toujours est-il que bientôt ils envahirent la salle, dans un état d'évidente ivresse, mais de violente, de virulente ivresse. Une dizaine de femmes F.T.P. les suivaient, plus enragées encore que les mâles. Et ce fut, pour les prisonniers, un soir qui compta double.

Car ces vainqueurs venaient avec l'intention de venger leurs morts. Ils le dirent bien haut, d'un ton à faire trembler. Et ce qu'il y avait de curieux, c'était que ces morts, tombés sous les coups des Allemands, ils tenaient à les venger sur la peau de quelques prisonniers français. Ils n'avaient point, en effet, de rancune contre les six Allemands. Ils ont même été très doux, très prévenants pour eux, pendant les quelques jours où ils les ont gardés dans la salle, avec nous. Ils leur donnaient des matelas, pour dormir. Ils les nourrissaient mieux que nous. Ils leur offraient des cigarettes, et ils leur permettaient de les fumer dans la salle, devant nous, qui n'avions pas le droit de fumer. Le bruit courut même qu'un membre du Tribunal à six têtes, le second Polonais, je crois, avait reçu la mission d'endoctriner ces Allemands, et de leur enseigner le communisme, pour en faire, à leur retour en Allemagne, des propagandistes. Ce qui est sûr, c'est que les F.T.P. tenaient beaucoup à ces six-là. Ils ont longtemps refusé de s'en dessaisir, et il fallut que les Américains vinssent les prendre pour les avoir. Ces Allemands ont donc vécu avec nous, pendant plus d'une semaine, et je ne sais pas si ce qu'ils ont vu les a édifiés.

En tout cas, dès le soir de ce 29 août, ils ont eu, pour commencer, un spectacle de choix. Car le désordre fut tout de suite au comble. Les F.T.P. qui, ce jour-là, étaient chargés de garder la salle, et qui n'étaient point, eux, dans les vignes du Seigneur, essayèrent de calmer leurs camarades en ribote. Mais ceux-ci ne voulurent rien entendre. Ils envoyèrent une délégation au capitaine Bernard, pour exiger que la garde des prisonniers, leur fût, à eux seuls, confiée pendant toute la nuit. Et, en attendant réponse, ils commencèrent, comme ils disaient, à venger leurs morts. Un volontaire de la L.V.F. passa, du coup, un mauvais quart d'heure. Il fut roué de coups de poing, de coups de pied, et il eut à courir sur place, selon les règles, à toute allure, comme un écureuil en cage. Dans un autre coin, deux F.T.P., des tout jeunes, de dix-huit à vingt ans, entreprenaient d'interroger « à la dure » un ingénieur de la S.N.C.F., du nom de Robert, qui était arrivé dans l'après-midi. Ils le frappaient à qui mieux mieux, sans trop écouter ses réponses, qui ne les intéressaient guère. Chaque prisonnier, dans la salle, vivait une épouvante, attendant son tour.

Par bonheur, Bernard fit enfin connaître sa réponse. Il refusait de confier aux vainqueurs la garde de la salle, et il leur donnait l'ordre de regagner leur chambrée immédiatement. Il y eut alors toute une rumeur de protestations, d'indignations. Pour une fois, l'autorité de Bernard fut en péril. Car les glorieux vainqueurs, tout échauffés, voulaient continuer la fête, et ils affirmaient qu'ils ne toléreraient pas, au retour du combat, que des prisonniers, que des « salauds » de prisonniers pussent, toute la nuit, être tout tranquilles « à se moquer d'eux. » Les femmes faisaient chorus, tout émoustillées par le début du spectacle, et très désireuses de voir la fin... Mais, par un autre bonheur, il survint une alerte. Et, aussitôt, conformément aux usages, un autre groupe de F.T.P. accourut, avec des fusils-mitrailleurs, pour tenir les prisonniers en respect. Bernard profita de l'occasion pour faire d'une pierre deux coups. Les fusils-mitrailleurs ne furent pas braqués seulement sur les prisonniers. Ils le furent aussi, pour une bonne moitié, sur les glorieux vainqueurs, qui enfin quittèrent les lieux.

LE MARTYRE DE MME ALBERTINI

Mais il faut que je finisse, maintenant, par une torturée. Par Mme Albertini. Le nom est connu. Albertini était le premier lieutenant de Marcel Déat, et les communistes ont hurlé jusqu'au ciel quand une Cour de Justice, sans doute mal stylée, ne l'a condamné qu'à cinq ans de travaux forcés. Pourtant, ils auraient dû se souvenir que la famille avait déjà beaucoup payé, dans la personne de Mme Albertini... Et c'était, toute habillée en noir, une femme de doux courage qui portait, avec un pur sourire, un monde de souffrance dans la chair et dans l'âme. Quand j'étais encore dans le bureau de Rivier, je l'ai vue, pour la première fois, un matin, dans le vestibule, quand les F.T.P. lui ont, enfin, permis de revoir son enfant, qu'ils avaient amené du dehors. Elle tenait ce petit être à bout de bras, comme pour mieux voir, de ses yeux, ce visage et ce rire qui étaient sa chose, sa peine et sa joie. Qui donc n'aurait pas pitié, devant ce miracle de faiblesse et de force que font une mère et son enfant ?

Ils n'avaient pas eu pitié... Et c'est au siège du Parti Communiste, dans la rue de Châteaudun, qu'ils avaient torturé Mme Albertini. Au siège d'un parti dont le journal a pris pour titre ce mot immense : « L'Humanité »... Il est vrai que l'immeuble avait été, avant la Libération, occupé par les Milices de Darnand. Et il s'y était fait des horreurs, en particulier dans les sous-sols. Des tortures savantes, des tortures modernes, avec usage du chauffage, du courant électrique. Mais cet immeuble n'avait pas changé de manières, en changeant de mains. Car, si l'homme est plus méchant que tous les animaux, il ne l'est pas plus que les autres hommes... Et la scène fut digne de la Milice et de la Gestapo. Ils avaient amené là Mme Albertini pour qu'elle avouât où se cachait son mari. Mais je crois qu'elle n'en savait rien. Ou bien elle a fait comme si elle n'en savait rien. En tout cas, elle n'a rien dit. Et, comme elle ne disait rien, ils l'ont torturée pendant toute une journée. Ils l'ont mise à moitié nue. Ils l'ont courbée sur le dossier d'une chaise, les mains en avant. Deux F.T.P. tenaient ces mains, en les appliquant solidement sur le siège. D'autres, de l'autre côté de la chaise, maintenaient les pieds. Et quelqu'un - je crois que, du moins pendant un temps, ce fut une femme - a pris un ceinturon, un de ces gros ceinturons militaires, qui ont une lourde boucle en métal. C'est ce ceinturon, à toute volée, qui est tombé et retombé sur le dos, sur les reins nus de Mme Albertini, pendant des temps qui étaient ou qui ont paru des heures. Parfois l'ardillon de la boucle entrait tout droit dans les chairs, de toute sa longueur. La peau éclatait, le sang coulait. Et, pour corser le menu, ils appliquaient sur les plaies le bout enflammé de leurs cigarettes ou de leurs cigares. Évidemment, cette frêle femme n'avait pas assez de force pour résister longtemps. Elle s'est évanouie. Alors ils la ranimaient. Ils lui demandaient l'adresse. Et, comme elle ne disait rien, comme elle n'avait peut-être rien à dire, ils recommençaient. Ils ont recommencé plusieurs fois, au cours de la journée, à chaque fois jusqu'à ce qu'elle s'évanouît encore, et la ranimaient, pour recommencer. Mais le pire, c'était qu'ils avaient aussi amené le fils de Mme Albertini, un petit garçon de dix-huit mois. Elle l'entendait pleurer, dans une salle à côté. Et il pleurait parce qu'il entendait les coups et les cris. Car elle criait, comme vous pensez bien. Il n'est pas vrai qu'il y ait des héros qui supportent, sans une plainte, certaines tortures. Elle criait donc, mais elle ne disait pas ce qu'ils voulaient qu'elle dise. Alors ils l'ont menacée dans son fils. Ils lui ont dit que l'enfant avait faim, mais qu'il ne mangerait pas, qu'il mourrait de faim, si elle ne disait rien. Et ils ont obtenu, ainsi, qu'elle donnât une adresse. Mais elle n'a donné qu'une adresse où elle savait que son mari ne pouvait pas se trouver. Tout ça a duré un jour. Le soir, le dos n'était qu'un champ de plaies hideuses. De plaies dont certaines n'étaient pas encore cicatrisées, et suppuraient encore, trois semaines après. Ils ne se sont arrêtés de frapper que quand ils ont vu qu'elle était à bout, qu'ils ne pouvaient continuer sans la tuer. Et ils l'ont laissée, pendant deux ou trois jours, sans soins, et à moitié agonisante, sur un matelas.

Puis ils l'ont conduite à l'Institut, Mais ils n'ont pas voulu lui rendre son fils. Ils l'ont mis à l'Assistance Publique. Et c'était de ne pas le voir qu'elle souffrait le plus, de ne pas savoir comment il se portait. Je crois qu'elle ne l'a revu qu'une fois, quand ils le lui ont amené à l'Institut. Car elle n'a été libérée qu'après le jugement de son mari, dans les premiers mois de 1945. On l'a gardée cinq ou six mois dans un camp de concentration, bien qu'elle n'eût commis d'autre crime que d'être la femme d'Albertini, une femme qui se tenait à la maison et qui ne s'occupait que de son fils. Mais des avocats m'ont conté que ce qui, pour une bonne part, a sauvé son mari, à la cour de Justice, ce fut le récit de ce martyre. Ce fut comme un coup de théâtre. L'assistance faisait des exclamations d'horreur, et le jury lui-même, tout honteux, n'a pas osé condamner Albertini à plus de cinq ans. Mais la pauvre femme n'a pas eu une bien longue joie. Elle a appris, quelques jours plus tard, que son fils venait de mourir, à l'Assistance Publique. Je n'ose pas me demander comment cet enfant est mort. Je me souviens seulement de ce que les F.T.P. disaient, chez moi, le 30 août quand quelques-uns proposaient de mettre Jacques, lui aussi, à l'Assistance Publique. Et ils disaient : « Il souffrira, à l'Assistance. Un fils de criminel, il faut que ça souffre... » Oui, ça souffre, un enfant. Et il arrive que ça en meure...

Pillages

Mais assez de ces abominations... Terminons ce chapitre sur une note plus gaie. Par les histoires de pillage, qui viennent ici à leur place. Car, avec les fusillades, avec les tortures, le vol était l'un des trois arts que cultivaient les F.T.P. Le vol en gros, le vol en grand. Tout leur était bon : l'argent, les bijoux, les vêtements, la vaisselle, les livres, les meubles... Ils ont été, pendant des semaines, comme une nuée de sauterelles sur le pays. Pillant les vivants. Dépouillant les morts. La bourse ou la vie. La bourse et la vie. Il n'y avait plus de gendarmes, Ils étaient, ensemble, les gendarmes et la loi. Aussi fut-ce un temps de cocagne. À l'Institut, en particulier, ils ont dû faire de bonnes affaires. Dans l'appartement de Mme Albertini, ils ont tout déménagé. Quand Mme Albertini est rentrée, elle n'a retrouvé que les murs. Ils avaient, dans des camions, emporté les livres, les meubles et tout, au vu et au su de tout le quartier, sans qu'aucune police y trouvât à redire. Il paraît que ces mœurs sont tout à fait comme il faut, au temps de révolution. Guichet contait, lui aussi, qu'ils avaient pillé sa villa, de fond en comble. Mais à quoi bon donner d'autres noms, d'autres exemples ? Chacun de nous avait été volé, plus ou moins, Et toutes nos histoires se ressemblent.[4]

---

[4] Voici, pourtant, la mienne, pour les amateurs de détails. Et voici l'énumération de ce qui a été volé dans mon appartement, du 30 août à la fin d'octobre. Car ils ont pris leur temps. Ils avaient, comme j'ai dit, chassé Jacques de la maison. Puis ils avaient pris les clefs. L'appartement était donc tout à eux. Et ils y revenaient, tous les deux ou trois jours, pour fouiller, pour choisir, pour prendre ce qui leur plaisait. Il en était qui passaient devant ma concierge, en brandissant les robes de ma femme, et qui disaient : « Ça, ce sera pour les copines ! » On a vu des officiers, et jusqu'à un commandant, qui venaient fureter. Ils ne se sont arrêtés que lorsque Jeanne est rentrée, à la fin d'octobre. Il était temps, car ils allaient emporter aussi les meubles. Mais voici, au total, ce qu'ils ont pris. Nos vêtements, notre linge, en particulier, les ont tentés. Des miens, ils ont pris : deux pardessus, cinq costumes, un caoutchouc, deux pull-over, dix chemises, six chemisettes, six paires de chaussettes, trois pyjamas, deux paires de gants, deux cache-cols. De ceux de Jeanne, ils ont pris : un manteau, une veste de fourrure, deux tailleurs, une redingote, trois robes, deux jupes, un caoutchouc, six paires de bas, quatre paires de chaussures, un pull-over, trois combinaisons, deux blouses. Ils n'ont, sur les protestations de ma concierge, épargné que le vestiaire de Jacques, auquel il ne manquait qu'une paire de bottes et une paire de chaussures. Mais ils avaient très bien confisqué : dix-sept draps, neuf nappes, quatre-vingt-quatre serviettes de table, un service de lingerie à thé, vingt serviettes de toilette, vingt-quatre essuie-mains, trente-six torchons, cinq couvertures de laine, un couvre-pieds, un dessus de lit, trente-six mouchoirs, enfin toute une lingerie, très complète, que ma femme avait reçu de sa famille. Et ils avaient fait le vide dans mon bureau, emportant : une machine à écrire, deux stylographes, une pendulette, une garniture de bureau et deux cents livres reliés. Dans la salle à manger, ils avaient, en tout premier lieu, mis la main sur l'argenterie, c'est-à-dire sur une ménagère de vingt-six pièce, en argent massif, sur vingt-quatre cuillers à café en vermeil et sur six cuillers à dessert en argent que ma femme tenait de sa famille. À quoi ils avaient ajouté douze couteaux, douze fourchettes et couteaux à fruits, dix-huit cuillers et fourchettes, dix cuillers à café, douze fourchettes à escargots, vingt-quatre assiettes. De vieux bijoux de famille ne leur avaient pas non plus échappé, surtout une chaîne, trois pendentifs, une épingle de cravate, trois bagues et un collier, qui étaient en or. Mais ils ont dû

Ce qui me parait plus intéressant à dire, c'est comment étaient organisés les vols, et comment la répartition. Or j'ai cru comprendre que les produits des pillages devaient obligatoirement être versés à une espèce de masse, ou de caisse commune. La répartition était faite selon les règles d'un communisme assez sommaire, mais strict. Et j'en ai pour preuve l'aventure du sous-lieutenant Marin. Ce sous-lieutenant appartenait au groupe des F.T.P. qui avait ses quartiers à l'Institut. Certains prisonniers l'avaient connu au temps de sa grandeur, jeune, mince, efféminé, et paradant en maître dans un uniforme tout neuf. Moi, je ne l'ai connu que dans sa décadence. Car, de gardien gradé, il avait été, un beau jour, mué en simple prisonnier. Et il était dans la salle, tout raide, sur un fauteuil, avec nous. Il nous a conté ses malheurs. C'est tout simple. Il avait « réquisitionné » cinq cent mille francs dans une banque. Et, jusque-là, tout allait bien. Il aurait été félicité, s'il s'en était tenu là. Mais ce Marin était un jeune marié, en lune de miel depuis un mois. L'amour l'a perdu. Autrement dit, il a mis deux cent

---

être déçus, plus tard, par un bracelet, trois broches, un poudrier et un collier de perles, qui n'étaient que de la pacotille. Citons encore, pour mémoire : un appareil de T.S.F., un appareil photographique, un moulin à café, un réchaud électrique, douze verres à ventouses, un réveille-matin, deux fers à repasser électriques, un sac à main, et trois valises et une malle, qui ont dû servir de contenants. Plus une dizaine de billets de cent francs, qui traînaient dans un tiroir... Et on aura une idée de l'éclectisme avec lequel les F.T.P. faisaient leurs petites réquisitions. Mais ce qui est le plus remarquable, c'est qu'ils ont trouvé, bien en vue, des journaux où j'ai publié quelques articles, pendant l'occupation, de même que des lettres, des notes, des dossiers syndicaux et politiques. Une vraie police aurait d'abord saisi tout cela, pour y chercher des documents à charge contre moi. Mais ils n'ont point touché cela. Et sans doute ne cherchaient-ils pas de quoi me condamner ou m'absoudre. Ils avaient des préoccupations plus pratiques, plus réalistes...

cinquante mille francs dans sa poche, pour son ménage. Et les autres l'ont su. Ils l'ont arrêté tout de suite, et emprisonné avec nous. Le pauvre Marin ne se faisait guère d'illusions. « Ils me tueront, disait-il. Ils ne me pardonneront jamais ça. » De quoi je conclus qu'il fallait partager. D'aucuns m'ont dit, depuis, qu'il fallait aussi faire une part pour le Parti. Mais ce ne sont que des on-dit. Comme cet autre, on-dit, qui court les rues, et d'après lequel le Parti n'aurait été hostile à l'estampillage des billets que parce qu'il lui était difficile de justifier la possession de sept milliards en billets, ramassés dans toute la France, au temps de la Libération. Moi, je m'en tiens à ce que j'ai vu, ou entendu de bons témoins, et à ce que j'ai compris, en retournant le tout dans ma tête...

LES NOUVEAUX RICHES

Ce qui est sûr, c'est qu'ils ont pillé. Ici, ailleurs, un peu partout. Et, ma foi, grand bien leur fasse ! Mais, quand j'y réfléchis, je viens à penser qu'il y a maintenant une catégorie de plus, dans la hiérarchie sociale. C'est la dernière-née de la guerre. Et la guerre avait déjà enfanté deux sortes de nouveaux riches, Entre septembre 1939 et juin 1940, il était né, parmi les fournisseurs, les munitionnaires, des nouveaux riches tout semblables à ceux que nous avons connus, de 1914 à 1918. Puis, entre juin 1940 et août 1944, sont venus au monde les nouveaux riches de l'occupation, c'est-à-dire les rapaces du marché noir, les accapareurs de biens, les mercantis qui trafiquaient avec les Allemands. Ceux-là, c'était déjà du neuf. Mais il y a aussi, maintenant les nouveaux riches de la Libération. Et n'ayez crainte. Cette troisième catégorie a je ne sais quel paratonnerre contre les foudres. Personne ne pense à lui faire rendre gorge. Personne n'ose se plaindre d'elle, ni même parler d'elle.

Je n'ai connu que quelques imprudents, dans les débuts, au camp de Drancy. C'étaient de braves gens qui croyaient encore à la justice. Et, quand on les libérait, ils s'imaginaient tout permis, du moment que leur innocence était reconnue. Ils allaient donc, en sortant, porter plainte contre leurs voleurs. Mais, deux fois sur trois, ça ne traînait pas. Les Milices Patriotiques ne tardaient guère à les ramener au camp, pour leur apprendre les égards. Aussi avons-nous, bien vite, tous appris la sagesse. Quand un heureux faisait ses paquets, en partance pour la liberté, ses voisins ne manquaient jamais de lui donner ce dernier conseil : « Et surtout, ne porte pas plainte ! Ou bien tu vas nous revenir, encore, pour deux ou trois mois... » Moi, quand j'ai été libéré, à mon tour, j'ai fait visite à mon avocat. Et, lui aussi, il m'a dit : « Surtout, ne portez pas plainte. Ou ils vous arrêteraient à nouveau. » Ça, il paraît que c'est encore de la révolution...

Et le pire est qu'il y a, dans ce dire, un peu de vrai. Ceux qui m'ont arrêté et pillé, ceux qui ont arrêté et pillé mes compagnons de l'Institut, c'étaient bien, en effet, des révolutionnaires. Des F.T.P. C'est-à-dire des marxistes du plus beau rouge, d'un rouge sang... Et j'en ai quelque regret. Je pense au temps que j'ai vécu, entre 1934 et 1938. A un temps où j'avais pour camarades des ouvriers pauvres, honnêtes, modestes, que je coudoyais, dans le Front Populaire. Et où je les trouvais, en gros, capables d'épouser, de promouvoir une grande foi humaine. J'ai du regret en constatant combien le présent est autre. Car, parmi les ouvriers, maintenant - et je veux dire surtout parmi les jeunes, - combien en est-il qu'on a accoutumés, dans les F.T.P., à l'argent facile, à l'argent sans travail, à l'argent qu'on prend ? Il en est, j'en suis sûr, qui ont pris un ventre et une âme de petits bourgeois, depuis qu'ils ont un magot, conquis au bout de la mitraillette. Et nous aurons de la chance s'il n'en est pas trop qui ont pris, pour leur vie, l'humeur, les manières de bandits de grand chemin. Car on s'habitue à voler, aussi. Vraiment, il y a quelque chose de pourri dans le royaume de Karl Marx. Et je refuse, en tout cas, que cette curée soit une révolution. J'appelle révolution un grand mouvement dans l'espèce, qui exalte les individus. Mais je ne vois, dans ces fusillades, dans ces tortures, dans ce pillage, que chute et déchéance...

CHAPITRE VII

FAIMS

LA FAIM DES AUTRES

Il faut, maintenant, que je conte comment nous avons vécu. Car nous avons vécu. Nous nous sommes, tous, accrochés à la vie, comme avec des ongles. Et nous avons tenu. Nous avons tenu pendant des jours, pendant des nuits, de tout ce qui nous restait de force, de tout ce qui nous restait d'espérance. Il est vrai que nous nous entr'aidions, comme font les alpinistes, dans les passages difficiles. Et je veux dire, d'abord, quelle fut notre faim des autres...

Car, dans de tels dangers, c'est la solitude qui est terrible. Seul, un homme est trop désarmé contre son esprit. Certes, il essaie bien de se mentir. Il se rattrape, en lui-même, à toutes les raisons qu'il a de se rassurer, de se consoler. Il les retourne, il les retouche, il les embellit. Enfin, il fait effort pour étouffer, dans une profondeur de lui-même, une toute petite voix qui est pourtant le meilleur de lui, car c'est la petite voix de doute par laquelle, d'ordinaire, il est averti contre ses propres crédulités, contre trop de complaisance à lui-même. Il voudrait redevenir l'enfant qui pouvait s'enchanter de menus espoirs et de rêves ingénus. Mais il ne peut. Vainement, il consulte toute la force qu'il se sent de vivre, le sang qui bat, les muscles qui obéissent, et toute la douceur, toute la volupté corporelles, Vainement, il s'éprouve vivant, et capable de vivre. Il ne peut point ne pas entendre la petite voix qui dit que pouvoir vivre, que vouloir vivre, n'empêchent pas de mourir. Ou vainement, plus vainement encore, il plaide en lui-même, contre la férocité des hommes, Il passe en revue tous ses actes, tous leurs motifs. Il se dit que rien ne justifie qu'on l'emprisonne, qu'on le torture, qu'on le tue. Et il voudrait se persuader qu'il vivra, puisqu'il n'est pas juste qu'on le fasse mourir. Mais il ne peut point ne pas entendre la petite voix qui ricane, et qui dit que ni les choses, ni les hommes ne sont justes.

Tel est le drame de l'homme seul. L'esprit, en lui, est plus fort que lui. Et les mensonges qu'on voudrait se faire à soi, quand on est seul, sont trop vite dénoncés, démasqués par l'impitoyable esprit. Aussi n'y a-t-il rien de plus cruel que d'enfermer un homme avec ses pensées. Tout seul. C'est-à-dire tout torturé par son bourreau interne, et sans défense, tout abandonné à lui. Je n'ai vu Jeanne faiblir qu'une fois. Et ce ne fut pas à l'Institut Dentaire, malgré les spectacles d'horreur. Ce fut, au contraire, quand la police nous eut délivrés des F.T.P. Car il advint, avant notre transfert au camp de Drancy, que Jeanne fût enfermée, toute seule, pendant toute une journée, dans une cellule d'un commissariat de police. Toute seule dans un noir opaque. Sans voir, sans entendre, sans m'entendre, sans entendre quiconque. Et seule avec ses pensées. Elle dut appeler, au bout de quelques heures. Car elle se trouvait mal. Il fallut l'emmener quelques minutes à la lumière, parmi les autres vivants. Il fallut même lui faire une piqûre. Le cœur tombait au plus bas. Et, bien sûr, la faim y était pour quelque chose. La vile faim du ventre. Mais je suis sûr que, ce jour-là, Jeanne a souffert, beaucoup plus encore, d'une autre faim.

De la faim de ma présence, d'une présence. De la faim des autres...

LA BONNE NOUVELLE

Car ce qui sauve, ce sont les autres. La voix des autres. Et les mensonges des autres. J'ai beaucoup réfléchi, à l'Institut, sur ce secours que l'homme tire des autres. Et j'ai compris un trait étrange, à savoir que l'homme a plus de facilité à croire les autres qu'à se croire lui-même. À y bien réfléchir, ce trait va de soi. L'autre, en effet, est un autre homme. C'est un autre moi. Et, naturellement, je le suppose tout occupé, comme moi, à se défier de ses espérances, à couler bas les mensonges pour lesquels il se sent trop d'envie. Je n'imagine pas qu'il puisse dire sans savoir ce qu'il dit, ou sans y croire. Et du coup je crois, venant de lui, le mensonge que je n'aurais pas cru, venant de moi. Or il me ment, bien sûr. Il me fait les mensonges que je ne puis me faire. C'est humain. Cet autre prisonnier, tout torturé au dedans et qui me devine dans la même torture, vous pensez bien qu'il ne va pas me dire que tout est noir, que tout est clos, qu'il n'y a pas de porte pour l'espérance. Il me plaint, il a pitié. Et il me cachera donc les mauvaises nouvelles, s'il y en a. S'il y en a de bonnes, et même les plus petites, il se précipitera pour me les dire, pour me les tendre comme un peu d'eau à qui a soif. Il en inventera même, au besoin. Et moi, je le croirai. Je me dirai qu'il n'est pas un enfant, qu'il est un homme, un homme sérieux, qu'il a dû s'enquérir, contrôler. Ainsi va l'espoir, tendu de l'un à l'autre, jusqu'à ce, que tous en soient désaltérés.

Au camp de Drancy, par exemple, ce fut merveille comme couraient les nouvelles les plus consolatrices, les plus bienheureuses. Un jour c'était un nouveau venu qui, dans un coin de la cour, contait comment le climat changeait, au dehors, et combien l'apaisement se faisait. Et, autour de lui, il s'irradiait, il s'irisait comme de petites vagues joyeuses, jusqu'au bout du lac de pensée que nous faisions. Ou bien c'était tel autre qui disait tenir de son avocat que le gouvernement préparait une amnistie. Et tout le camp de croire, de s'efforcer à croire. Même à l'Institut, malgré les tortures, malgré les fusillades, j'ai connu de ces rumeurs. Le moindre journal, que les F. T. P. oubliaient sur une table, devenait notre proie commune. Nous avions tôt fait d'en extraire les nouvelles qui pouvaient passer pour bonnes, Et elles étaient commentées de l'un à l'autre, grossissant à chaque commentaire, bonifiées, enrichies de tout un cortège de complaisantes conséquences. Toute notre chiourme devenait comme une ruche, où le désespoir Individuel était noyé dans l'espérance collective. Et c'est ainsi que nous avons pu tenir. Accotés les uns aux autres, nous réchauffant les uns aux autres, nous ranimant les uns les autres par nos souffles, par nos mensonges fraternels. À vrai dire, notre chance, ce fut que nous étions trop, dans tout Paris, dans toute la France, trop de suspects, trop d'hérétiques, trop de haïs. Ils ont bien pu torturer quelques-uns d'entre nous, avec des fouets, avec des flammes. Ils ont bien pu nous affamer, nous amaigrir. Mais ils n'ont pas pu nous isoler... Nous étions trop. Il a fallu nous entasser, vingt par cellule de quatre, ou quatre par cellule individuelle, ou cent, cent cinquante dans une prison improvisée, comme à l'Institut. Et ce fut notre salut. Nous avons ainsi évité les séparations, les solitudes et le supplice de la pensée qui se ronge sur soi. C'est de leur faute. Nous étions trop. Qui trop embrasse mal étreint.

Morphée

Mais nous avons eu d'autres faims... Et beaucoup ont eu une atroce faim de dormir. Dormir, comme on sait, est le premier besoin. Mais ce besoin était exaspéré en nous par le manque de nourriture, et par l'inquiétude. Si nous avions pu, nous nous serions jetés dans le sommeil comme à tout jamais, pour y oublier nos ventres creux et nos cervelles pleines de soucis. Mais il était difficile de dormir, chez les F.T.P. Car ils laissaient toutes les lampes allumées, pour ne pas nous perdre de, vue, ou pour lire, ou pour jouer entre eux. Et ils faisaient beaucoup de bruit. Parfois, ils étaient ivres, et criaient, chantaient en brandissant des armes. Il faut dire qu'ils savaient très mal manier leurs armes et que pourtant, tout heureux d'en faire parade, ils ne cessaient de les démonter, de les retourner, de les mettre en joue. Aussi leur est-il souvent arrivé de se blesser entre eux, par inadvertance. Mais il leur arrivait pareillement, en pleine nuit, de lâcher au milieu de nous un coup de revolver ou un coup de fusil. Et nous nous réveillions en sursaut.

D'ailleurs la plupart d'entre nous dormaient sur place, sur la même chaise, dans le même fauteuil où ils avaient passé la journée. Et ce leur était souvent, un supplice plus qu'un repos. Car ils étaient déjà tout rompus d'avoir été tant assis. Cette posture, à la longue, endolorit les reins. Il faut, pour s'en délasser, se lever ou s'étendre tout à fait. Or, pendant le jour, nous pouvions bien, de temps en temps, obtenir la permission de faire une petite escapade, par exemple pour aller aux W.C., ou pour boire un verre d'eau. Ces courts changements d'attitude détendaient un peu et aidaient à passer la journée. Mais la nuit était longue pour ceux d'entre nous qui devaient dormir assis, dans la même raideur que dans le jour. Je les voyais danser dans leur sommeil, sans cesse cherchant à droite, à gauche, un endroit pour poser la tête, ou bien en avant, en arrière, une position qui pût reposer les reins. Au matin ils étaient tout douloureux, tout courbaturés. La faim aidant, il leur arrivait de s'assoupir, dans la journée. Et parfois c'était tout un drame.

Car, comme je l'ai déjà indiqué, il était interdit de dormir pendant le jour. Interdit de fermer les yeux. Interdit de pencher la tête sur la poitrine. Un Nord-Africain - je ne sais plus son nom - s'était pourtant endormi, un après-midi. Il n'en pouvait plus. Et il ronflait, insolemment, tout ratatiné sur lui-même, entre ses épaules. Les F.T.P. ont voulu le réveiller, bien sûr. Mais il a eu comme un coup de fureur, de cette fureur élémentaire qui prend les dormeurs, quand on les arrache trop brutalement à leur paix animale. Il a refusé de relever la tête. Il s'est, comme une bête, plus profondément encore enterré en lui-même, en grognant je ne sais quoi, qu'il avait sommeil, qu'il avait faim, qu'il en avait assez. Et les F.T.P. ont eu beau crier, le secouer, lui, il dormait. Il était résolu à dormir, et rien ne pouvait l'en faire démordre. Il était, dans son sommeil, comme un blaireau dans son trou. Et nous nous amusions ferme à voir la meute aboyer tout autour. Mais il s'en est fallu de peu que l'histoire finît mal. Les F.T.P. enrageaient. Et, du fond de la salle, tout près de nous, il y en eut un qui cria : « Mais vous ne savez pas faire, bon Dieu ! Piquez-lui donc une baïonnette dans le cul ! Ça le réveillera bien... » Ils ont essayé, en effet, de ce moyen. Et j'ai cru, un moment, que le Nord-Africain allait résister, se révolter, faire des sottises. Il a eu comme un roulement d'épaules, comme un mouvement en avant. Et les F.T.P. ont bien compris. Nous avons entendu, distinctement, que l'un d'eux armait son fusil. Ce bruit, tout de même, a calmé le Nord-Africain. Il s'est laissé mener jusqu'au mur, où ils l'ont mis au piquet, pendant une heure, les mains en l'air. Mais vraiment, c'était un fier dormeur, que cet Africain-là...

Mon matelas

Les privilégiés, quant au couchage, étaient les malades, les torturés. Du moins les trop malades, les trop torturés, Pour ceux-là, les F.T.P. avaient amené une dizaine de matelas. Des matelas un peu crasseux, dont plusieurs, même, avaient de larges taches de sang sec. Et, le soir, Sonia, la grande dictatrice des femmes F.T.P., présidait à la distribution. C'était toute une cérémonie. Une vingtaine d'éclopés, de blessés, de cacochymes venaient attendre à la file, devant les matelas qui, pendant le jour, avaient été entassés au bas de la scène, à droite. Sonia donnait aux uns, refusait aux autres. C'était selon la tête du client. L'Hévéder, par exemple, n'a jamais eu de matelas, bien qu'il toussât affreusement et fût, de toute évidence, le plus malade de nous tous. Mais les Allemands, qui pourtant étaient de beaux gaillards, bien intacts, se partageaient deux ou trois matelas, et un sourire de Sonia. Mme Albertini, elle aussi, avait un matelas. Mais c'était pour une tout autre raison. Elle avait le dos et les reins si battus, si brûlés, si blessés qu'à peine pouvait-elle, pendant les premiers jours, se tenir assise sans ressentir d'intolérables douleurs. Aussi avait-on, pour elle, étalé un matelas, dans le fond, tout près de nous. Elle le conservait même pendant le jour et avait la permission de s'y étendre, de temps en temps. Elle le couvait comme un objet précieux, veillant à ce qu'il ne devînt pas une colonie de poux et de puces. Elle était, dans un sens, une grande privilégiée.

Mais, bientôt, je fus un privilégié, moi aussi. La première nuit, Jeanne et moi avions dormi sur nos chaises, comme nous avions pu... Et, le lendemain, j'étais exténué. Mais Jeanne apprit que les malades pouvaient, par chance, obtenir un matelas. Et elle partit aussitôt pour faire valoir mes droits. Car je souffre, depuis plusieurs années, de je ne sais quoi de tenace et de dangereux. Cela m'est venu à la suite d'une grave maladie que j'avais prise légèrement, et qui fut mal soignée. Chaque hiver est pour moi comme une bataille en rase campagne, où il faudrait enlever de vive force une première ligne de tranchées, et une seconde, et une troisième... Passerai-je cette grippe ? Et cette bronchite ? Et cette congestion qui paraît bénigne, mais qui n'en finit pas ? À chaque fois, on croirait que c'est la dernière fois. Enfin je suis de ces vivants étranges que, de nos jours, la science fabrique artificiellement, à force de remèdes et d'inventions, de ces vivants qui, depuis longtemps, devraient être des morts, si l'on laissait faire le jeu de nature. Mais Jeanne, surtout, m'a sauvé jusqu'ici, par des soins infinis. Et vous pensez comme elle plaida, pour m'obtenir un matelas. Elle saisit, au passage, le capitaine Rivier, et elle lui fit un tableau si terrible de ses responsabilités à l'égard de ma vie que l'autre, déjà un peu honteux de me voir là, après toutes ses promesses, finit par donner l'ordre de mettre tous les soirs un matelas à ma disposition. Notre bonheur s'accrut encore d'une visite que, dans l'après-midi, firent à l'Institut des amis chez qui notre petit s'était réfugié. Ils avaient eu le courage de venir aux nouvelles, au risque d'être à leur tour enfermés. Et ils demandèrent à nous voir. On ne le leur permit point. Mais j'eus la chance, allant aux W.-C., de tomber sur eux. Je leur demandai, dans un souffle, de nous procurer un avocat et des couvertures. L'avocat, c'était pour le futur. Et les couvertures, c'était pour attendre, plus au chaud, ce futur. Dans la soirée, nos amis revinrent, apportant deux couvertures que le capitaine Rivier, par une insigne faveur, nous fit transmettre. Et, dans les nuits qui vinrent, J'ai pu m'étendre, me couvrir, dormir un peu.

Jeanne ne voulait pas, le premier soir, partager le matelas avec moi, craignant qu'on ne lui fît reproche de n'être pas malade, ou bien objectant que c'était un matelas trop petit, un matelas de célibataire, sur lequel elle me gênerait. Mais j'ai fini par lever ses scrupules. Et nous avons recommencé à dormir côte à côte, le plus chastement du monde, bien entendu, mais tout heureux de notre chaleur retrouvée, tout heureux de pouvoir murmurer à l'aise, au ras du sol, et cachés des F.T.P. par une haie de fauteuils. Il nous est arrivé de murmurer très tard, parmi les souffles endormis. Parfois, le silence, la paix devenaient si vastes, si purs, que, dans une somnolence, je me croyais revenu aux temps où l'on ne tue pas. Mais d'autres fois, comme je sombrais dans le sommeil, je sentais, aux saccades de sa tête sur mon épaule, que Jeanne pleurait, sans bruit, pour ne pas m'éveiller. Et je ne trouvais rien à dire. Je la serrais plus fort, plus près. Et, quand elle s'était enfin endormie, je restais à rêver, tout seul, sur la grande pitié des hommes.

TOILETTE

Mais puisque j'en suis aux nuits, il me faut continuer, dans l'ordre, par les matins. Or les matins venaient vite, à l'Institut. En général, nous recevions l'ordre de dormir, le soir, entre vingt-trois et vingt-quatre heures. L'ordre de nous réveiller était donné, chaque matin, à six heures et demie. Et il n'était pas bon de traîner. Les privilégiés devaient, au plus vite, porter leurs matelas au coin accoutumé et reprendre aussitôt place sur leurs chaises, sur leurs fauteuils, le corps bien droit, dans l'immobilité. Les autres, les dormeurs assis, avaient depuis longtemps déjà repris leur position du jour, tout simplement en se redressant sur leur siège, en ouvrant les yeux. Et tous, nous recommencions à attendre. À attendre on ne sait quoi. À attendre en vain. C'était là, encore, un supplice de qualité. Et je ne sais rien de plus torturant que d'attendre ainsi, que d'attendre le pire, sans savoir lequel, que d'attendre les coups d'une humanité dont on ne sait rien, dont on ne sait ce qu'elle pense, ce qu'elle prépare, ce qu'elle accomplit, et dont on sait seulement qu'elle est, tout autour, comme une ronde de haine. L'esprit, en cette absence de nouvelles, est comme un estomac en l'absence de nourriture. Il est tout creux, tout béant. Il est comme un tambour sur lequel, stupidement, frappe l'imagination en folie...

Pourtant, le matin, nous avions quelques distractions. La toilette nous occupait un peu. Mais elle était une cérémonie du genre du baptême, lente, solennelle, processionnelle. Les F.T.P. nous menaient nous laver par demi-douzaines. Une demi- douzaine d'hommes aux W.-C. du rez-de-chaussée, où il y avait quelques robinets. Et une demi-douzaine de femmes à un endroit analogue du premier étage. Chaque demi-douzaine par- tait en cortège, encadrée par deux F.T.P. en armes. Et il fallait bien attendre une demi-heure, trois quarts d'heure avant de la voir revenir. C'est que les candidats à la propreté, une fois devant les robinets, manquaient en général de savon, de serviettes, de brosses à dents, et de tout. Il fallait frotter dur, et longtemps, pour suppléer à ce manque de matériel. Et d'autant plus que c'était merveille comme nous prenions de la crasse, dans cet Institut. Je dois dire, pourtant, que Jeanne nous conquit encore un privilège, en apitoyant la dactylographe d'espèce molle qui, toujours bonne fille, nous apporta une serviette marquée : « Institut Eastman ». Et cette serviette, je l'ai volée, en partant. Elle m'a suivi dans toute mon aventure. Revenu chez moi, je l'ai placée, dans mon armoire, à l'endroit du linge que les F.T.P. avaient emporté. C'était une petite récupération.

Mais revenons à nos six gaillards, devant les robinets. Donc, ça n'allait pas vite, comme on comprend. Il faut avouer, d'ailleurs, que nous profitions de cette demi-heure aux W.-C. pour bavarder, pour fumer un peu. Les F.T.P. de garde restaient au dehors, et, sauf quelques exceptions, ils nous laissaient assez en paix. Aussi nous détendions-nous enfin, pérorant, échangeant de petites histoires, de grosses espérances, et humant quelques bribes de tabac, ou de mégot, ou de mégot de mégot. En vérité, les W.-C. ont été, dans tout l'Institut le seul oasis où nous ayons savouré un peu de liberté. Après la toilette, nous ne pensions qu'à y revenir, sous le prétexte ordinaire. Nous nous y donnions rendez-vous, d'un détenu à l'autre, pour échanger des nouvelles, ou pour le seul plaisir de parler, de sortir du silence, de la solitude. C'était tout un art. Car il fallait, pour multiplier ces escapades, faire en sorte de passer comme, inaperçu. Et l'astuce était de ne jamais demander la permission au même F.T.P., de guetter les moments creux, où il n'y avait pas trop de demandes, de sortir sans bruit, sans s'arrêter en route pour un bavardage, et enfin de ne jamais provoquer la remarque que le même détenu sortait bien souvent. C'était un peu comme au collège, avec les mêmes ruses, avec les mêmes enfantillages, et avec cette différence seulement que le pion avait le pouvoir de nous « coller » au mur...

Aux petits soins...

Pourtant, le matin, les occasions d'escapade étaient plutôt rares. Car la cérémonie de la toilette occupait les W.-C. jusqu'à midi, ou même au-delà. Mais, notre toilette faite, il arrivait que nous eussions d'autres divertissements. Les F.T.P., vraiment, se faisaient du souci pour notre propreté, et même pour notre santé. Deux ou trois fois par semaine, l'un d'eux parcourait la salle, porteur d'une grande boite de carton jaune, et il criait à tue-tête : « Serviettes hygiéniques ! Qui veut des serviettes hygiéniques ? », comme le vitrier, dans la rue, qui demande qui a des vitres cassées. Le spectacle aurait pu être drôle. Celles des prisonnières qui venaient d'arriver, qui ne s'étaient pas encore accoutumées au sans gêne du milieu, faisaient en effet des mines et rougissaient en levant le doigt, timidement, sans le lever trop haut. Mais ce qui gâtait tout, c'était que, je ne sais par quel mot d'ordre, il se trouvait toujours un F. T. P pour commenter cette distribution. « Nous, disait-il, nous ne sommes pas des Allemands... Nous donnons aux femmes des serviettes hygiéniques, nous... Les Allemands, eux, vos amis les Allemands, ils ne donnaient pas de serviettes à nos femmes... Ils les piquaient, vous entendez, ils les piquaient pour les empêcher d'avoir leurs règles !... Ils les piquaient avec des saletés. Et elles en mouraient, souvent... Mais nous ne sommes pas des Allemands, nous... Nous sommes bons, nous !... » Et ainsi de suite, sur leur bonté...

D'autres fois, c'était la chasse aux poux qui occupait une partie de la matinée. Car il courait, il sautait, il grouillait des poux et des puces, dans cet Institut. Et même d'autres petites bêtes, plus intimes, plus désagréables encore. Les F.T.P. faisaient la chasse à cette vermine, en particulier aux poux. Et, de temps en temps, donc, ils venaient nous fouiller dans la tête, le matin. Nous y passions tous, un par un. Et c'était une autre occasion de rires, de commentaires, de conférence. Cette fois encore, ils nous expliquaient comme ils étaient bons. « Car nous aurions pu vous tondre tous, n'est-ce pas ? Nous sommes bien bons de ne pas le faire, de prendre la peine d'épouiller vos têtes de collaborateurs ! » Et c'était sans réplique. Ils auraient bien pu nous couper les cheveux, en effet. Et même la tête. Comme ils étaient bons !

DEUX BONNES HISTOIRES

Mais, puisque j'en suis aux poux et autres bestioles, il faut que j'ouvre des parenthèses, pour conter une histoire qui me revient, à ce propos. La loi était que les galeux, les pouilleux, les porteurs de bêtes intimes fussent transférés à l'infirmerie, dans des salles spéciales, où ils ne pourraient plus contaminer les autres. Or ils ne s'y trouvaient pas mal. Ils mangeaient un peu mieux, ils avaient des matelas pour dormir, ils étaient plus en paix. D'ailleurs il régnait sur l'infirmerie un docteur annamite, nommé Ngo-Quoc-Quyen, qui, bien qu'il fût F.T.P., avait gardé du cœur et, tout au fond de lui, s'épouvantait de tant de sang, de tant de supplices chinois. J'en atteste, car il a eu à me soigner, et j'ai vu qu'il était bon, sans s'en vanter et même en se cachant des autres, qui lui auraient fait un mauvais parti.

Mais revenons à nos poux et autres bestioles. Donc, il advint, un jour, qu'un porteur de bêtes intimes (je n'indique point son nom, et l'on va comprendre pourquoi) fut transféré à l'infirmerie. Il s'y trouva bien. Mais sa femme et une amie de sa femme, qui avaient été arrêtées avec lui, ne l'avaient point suivi dans cet asile. Elles étaient toujours avec nous, dans la grande salle. Et le malheureux se désolait de se trouver mieux, alors qu'elles étaient si mal. Mais il eut une idée. Une idée de génie. Il s'arracha quelques bêtes intimes et il en fit, dans du papier, deux petits paquets. Il confia ces paquets à un autre détenu, venu à l'infirmerie pour consultation, et il le chargea de les remettre à sa femme et à son amie, avec un billet dans lequel il expliquait la vertu des bestioles, et la manière de s'en servir. Après quoi il attendit, tout gonflé d'espoir. Il ne fut pas déçu. Un jour, sa femme et l'amie arrivèrent bien à l'infirmerie, porteuses des mêmes bestioles que lui. Et lui, tout fier, de leur dire : « Eh bien, elle était bonne, mon idée, qu'en dites-vous ? » Mais le miracle est que ces femmes n'avaient jamais reçu les petits paquets. Le commissionnaire avait dû les perdre. Ou bien il avait gardé les morpions pour lui. Il en avait fait commerce, peut-être !... Et les femmes en avaient eu, tout de même, on ne sait comment... Avouez qu'elle est bonne.

Je sais, sur l'infirmerie, une autre histoire. Mais c'est une histoire moins drôle. C'est L'Hévéder qui me l'a contée. Car ils l'ont tout de même, à la fin, transporté à l'infirmerie, quand il a été trop toussant, trop agonisant. Et, une nuit, il était là, sur son matelas, à rêvasser. Autour de lui, d'autres prisonniers et des prisonnières dormaient, ou rêvassaient aussi, dans leurs coins de ténèbres. Tout paraissait calme, ou apaisé, comme sont les choses, à l'ordinaire, dans la nuit. Mais, tout à coup, la porte s'est ouverte. Elle a fait comme un rectangle de lueur, dans tout ce noir. Et quatre ombres sont venues. Quatre ombres qui ne disaient mot. La porte s'est refermée. Et il y a eu, dans l'ombre, des hommes qui cherchaient, et qui ont trouvé. Il y a eu un brusque éveil de femmes, des cris, des menaces à mi-voix, et trois corps-à-corps de désir et de désespoir. Tout a fini dans des plaintes, dans des souffles, dans le viol... Mais la quatrième ombre, qui s'était jetée, elle aussi, sur une forme gisante, a eu une hésitation. Une lampe électrique a été allumée, le temps d'un éclair, et elle a fait surgir un visage de si vieille femme, de grand'mère si épouvantée que l'ombre a reculé, qu'elle, est partie... Les trois autres sont parties aussi, après leur victoire. Car c'était cela, aussi, la Libération !...

Au camp de Drancy, plus tard, j'ai vu des femmes qui avaient été violées jusqu'à dix fois, dans la même journée... Et certes, dans le nombre, il y avait des « femmes à boches », qui en avaient vu d'autres et qui ne s'étonnaient pas de si peu. Mais il y avait aussi une fillette de treize à quatorze ans. Ils avaient eu le raffinement de la violer en présence de ses parents, que d'autres maintenaient. Et cette petite fille, toute tondue, était prisonnière avec nous, entre les barbelés. Je la voyais parfois, entre son père et sa mère, qui riait, toute gaie, toute oublieuse. À cet âge, on ne comprend pas, et on ne se souvient guère. On n'aurait pas cru que la Libération, la Victoire, la Révolution lui étaient passées sur le ventre, à cette innocente...

ENCORE DES NOUVELLES

Mais fermons ces parenthèses. J'ai encore à dire sur nos journées. Et j'ai, pourtant, presque tout dit. Car, à part la toilette et parfois l'épouillage, ces journées étaient monotones, misérables, et les mêmes, interminablement. Il n'arrivait rien, si ce n'est, de temps en temps, d'autres prisonniers, d'autres prisonnières, mais si vite menés, au bout de la mitraillette, sur l'un de nos fauteuils, si vite pareils à notre immobilité et à notre silence, que même notre curiosité de les connaître s'émoussait vite. Parfois quelques-uns d'entre nous étaient emmenés en corvée, pour balayer, pour laver la vaisselle, ou pour de pires besognes. Mais comme, en raison de ma santé, on me laissait dans mon coin, je n'ai même pas eu ces distractions. Je sais seulement que la pire corvée était celle des W.-C. Car les bombes allemandes qui étaient tombées dans les jardins, le 26 août, avaient coupé quelques conduites d'eau. Et les chasses d'eau fonctionnaient mal. De plus, des prisonnières, après usage, ne savaient que faire de leurs serviettes hygiéniques, et souvent elles s'en débarrassaient aux W.C. ce qui finissait de tout engorger. Des prisonniers ont dû nettoyer, vider tout cela, sans autres outils que des cuillers, ou avec leurs mains.

Mais, à l'ordinaire, toute notre occupation était d'attendre. D'attendre toujours, et d'avoir faim. Et nous avions faim de tout. Nous avions faim de nouvelles du dehors et surtout de nouvelles des nôtres, jusqu'à défaillir. Chaque matin, j'avais à consoler Jeanne qui pleurait de ne rien savoir de notre fils. Et je me souviendrai toujours de la découverte merveilleuse que je fis, quand je déficelai le paquet de couvertures que nos amis nous avaient envoyé. Ce paquet était fait d'une grande poche de papier fort, serrée par une de ces ficelles en papier qui servent de corde, depuis les restrictions. Or, quand j'eus vidé la poche, je vis - je ne sais par quelle chance – que quelques mots étaient écrits au fond. Mes amis avaient écrit : « Déplier la ficelle. » Car mes amis et mon fils ont été d'une ingéniosité incroyable, pendant nos prisons. Plus tard, ils nous ont, envoyé, à Drancy, des paquets farcis de cachettes si sûres, si subtiles que, si la maréchaussée y a été trompée, nous l'avons été souvent, nous aussi. Ils savaient miraculeusement dissimuler une lettre dans une miche de pain, ou un billet de cent francs au fin fond d'une boite de pastilles contre la toux, sans que la miche et la boite parussent avoir été touchées. Et nous avons souvent été en danger d'avaler la lettre ou le billet de cent francs.

Mais, ce jour-là, ils s'étaient surpassés. C'est miracle que j'ai regardé au fond de la poche. Mais, dès que j'y eus lu leur avertissement, j'ai couru au refuge, c'est-à-dire aux W.-C. Et là, j'ai déplié précautionneusement, j'ai déroulé amoureusement cette bienheureuse ficelle. À un bout, il y avait une toute petite écriture, qui disait que l'enfant allait bien, qu'il demeurerait en sécurité chez nos amis, qu'un avocat était déjà prévenu, et que toute l'amitié du monde se mobilisait pour nous. Dieu, quelle joie !... J'étais comme ces assiégés, à bout de résistance, quand ils voient, à l'horizon, paraître l'armée de délivrance. Et j'ai couru, à nouveau, pour rapporter les nouvelles à Jeanne. Mais à peine a-t-elle voulu m'en croire. Il fallut, elle aussi, qu'elle allât aux W.C., pour lire elle-même, de ses yeux. Mais ses yeux voient mal, et l'écriture était toute petite. J'ai donc dû lui redire les nouvelles, une autre fois, et d'autres fois encore, pendant toute la journée... Un esprit, tout de même, qui croirait que c'est une bête qui a, elle aussi, de ces faims canines ?

DU TABAC À LA SERVITUDE

J'ai eu faim autrement. Et je dois avouer que rien ne fut pire que ma faim de fumer. Si j'avais, un jour, m'aventurant dans la psychologie, à classer les besoins de l'homme dans l'ordre de leur urgence, je ne sais pas si je ne placerais pas ceux que crée la coutume avant ceux qui dépendent de la nature. En tout cas, manquer de tabac m'a fait souffrir plus que de manquer de pain. Et pourtant, j'ai eu faim, comme je l'expliquerai. Mais j'ai trouvé que languir, qu'agoniser de faim était comme une maladie ordinaire. J'ai ressenti de la faiblesse et comme une dangereuse insouciance du corps et de l'esprit. Je compare cet état à celui dans lequel, une fois déjà, je m'étais trouvé, à la suite d'une grave maladie. Autrement dit, on meurt de faim, mais on ne souffre pas de mourir de faim comme j'ai souffert de manquer de tabac, ou comme d'autres doivent souffrir de manquer de cocaïne. Je ne pouvais me retenir de mettre machinalement la main dans ma poche, dans la poche gauche, là où, d'ordinaire, je place mon matériel. Et chacune de ces tentatives réveillait, exaspérait, mon envie. Nous étions quelques-uns à nous torturer comme ça, pour de la fumée...

Et je ne sais comment nous avons, dans ce bagne, trouvé le moyen de fumer encore, de temps en temps. Bien entendu, nous avons commencé par gratter le fond de nos poches, attentifs à récupérer la moindre bribe. Nous sommes devenus habiles à rouler des cigarettes d'une extrême minceur. Encore ne les fumions-nous qu'à moitié, pour avoir l'autre moitié à fumer, une autre fois. Nous refaisions des cigarettes avec les mégots, indéfiniment. Mais nous étions vite au bout de ces maigres ressources. Et l'Institut n'offrait pas les facilités que, plus tard, j'ai vu offrir au camp de Drancy. Car, à Drancy, c'était plus moderne. Qui en avait les moyens pouvait se payer bien des choses. Il n'avait qu'à s'adresser à un mystérieux marché noir, que des complicités bien placées entretenaient du dehors. Par exemple, pour quatre cents ou cinq cents francs, il ne tardait pas à se procurer un paquet de cigarettes américaines. Ou bien, pour cinquante, pour cent mille francs (je connais quelqu'un qui a lâché un million), il obtenait sa libération.

Mais nos F.T.P. n'étaient point si modernes. Ils ne nous auraient point vendu des cigarettes. D'ailleurs, nous n'aurions pas pu les payer, puisqu'ils avaient commencé par s'emparer de tout notre argent. Aussi, le dernier mégot fumé, tombions-nous dans une misère infinie. Et j'ai vu, dans cette misère, mollir des hommes qui pourtant avaient du cœur. Je les ai vus se courber pour ramasser le mégot que venait de jeter un F.T.P. Je les ai vus ramasser ce mégot devant le F.T.P., sous son regard, sous son sourire. Et je les ai vus, plus tard, qui s'enhardissaient jusqu'à prier le F.T.P., quand il commençait une cigarette, jusqu'à le supplier de leur réserver le mégot futur. Ils étaient là, qui attendaient. Et l'autre devait bien s'amuser, car il comprenait leur espérance, l'espérance qu'il ne fumât pas trop avant, qu'il laissât un mégot d'une bonne longueur. Parfois, le F.T.P., par pure méchanceté, tirait des bouffées jusqu'à ce qu'il ne restât plus qu'un tout petit mégot, un mégot nain. D'autres fois, quand c'était un F.T.P. de bonne humeur, il abandonnait un tiers, ou même une moitié de cigarette. Et ces misérables le remerciaient bien bas. Ils étaient tout près de lui avoir une vraie reconnaissance, pour ce mégot. Tout près d'oublier qu'il les avait, par ailleurs, arrêtés, pillés, et même torturés un peu. Ils étaient au même degré d'abaissement que le chien qu'on bat tous les jours, et qui pourtant fait le beau, pour avoir son croûton. Et je le sais bien. J'étais de ces ramasseurs, de ces mendiants de mégots. J'ai connu, moi aussi, ces tentations de la servitude...

ENFIN MANGER...

Sans doute le lecteur remarque-t-il que dans ce récit de nos journées, je, n'ai pas encore parlé du manger. Mais ce n'est pas par habileté. Ce n'est pas que je médite de garder le meilleur pour la fin. Non, c'est dans l'ordre. Car manger était, à l'Institut, un événement très tardif. Levés à six heures et demie, nous attendions jusqu'à dix-sept heures notre premier repas, sans rien nous mettre sous la dent. Il nous était seulement permis de boire à volonté. Un grand seau d'eau avait été, à cet usage, placé dans un coin de la salle, à droite. Un seau et un verre. Et chacun de nous, quand il avait soif, venait prendre le verre et puiser dans le seau. Au début, ça dégoûtait un peu, de boire dans ce verre après les malades, après les bouches blessées, après tous les autres. Et Jeanne conte que sa pire humiliation fut de me voir prendre la file, derrière d'autres assoiffés, et d'attendre le verre. Mais les femmes sont toutes comme ça. Elles ne pensent pas que leurs hommes sont des animaux plus rudes, plutôt grossiers. Elles n'imaginent pas qu'ils pourraient boire et manger sans les petites gâteries, sans la petite cuisine qu'amoureusement elles leur font. Enfin elles ne nous ont pas connus dans notre liberté barbare, au temps du collège, ou de la caserne. Il a fallu beaucoup de temps à Jeanne pour comprendre que je ne suis pas si distingué.

Mais parlons maintenant du menu. Car, tout de même, entre seize et dix-sept heures, il montait, des cuisines, tout un attirail à manger. Et c'était encore une cérémonie. Les femmes F.T.P., dont c'était l'heure de puissance, prenaient leur temps. Elles distribuaient d'abord des fourchettes. Puis elles redescendaient aux cuisines, et, un quart d'heure après, elles rapportaient des assiettes. Fourchettes et assiettes étaient toujours, je ne sais pourquoi, gluantes d'eau grasse, comme si on l'avait fait exprès. Et il en manquait, à chaque fois, pour une vingtaine d'entre nous, qui devaient attendre que leur voisin eût fini pour prendre ses ustensiles et les utiliser aussitôt.

Après un autre quart d'heure, il était procédé à la distribution du pain. Chacun de nous recevait un morceau si misérable que, revenu chez moi, j'ai tenu à faire quelques expériences, balances en main. Et j'atteste qu'à chaque repas nous recevions, au mieux, cinquante grammes de pain. Mais le plat de résistance venait enfin. Ce plat était une grande bassine, tenue aux oreilles par deux F.T.P. de l'espèce mâle. Et la bassine a contenu, selon les jours, des pois cassés, des nouilles ou des légumes déshydratés. Je n'ai jamais connu d'autre menu. D'ailleurs, je crois que les F.T.P., auxquels il venait d'être interdit de procéder à des réquisitions chez les commerçants, n'avaient, pour nous nourrir, que ce qu'ils avaient trouvé sur place, à l'Institut, dans des stocks allemands. Et peu importe. Peu importe, aussi, que ces guerrières en jupons n'aient pas su cuisiner, et que leur ratatouille ait toujours été mal cuite, brûlée, ou froide. Tout aurait été bien, si nous avions eu de quoi. Mais il n'y avait, pour chacun d'entre nous, qu'une grande cuillerée de légumes, ou de nouilles. Et c'était tout. Ce menu nous était servi deux fois par jour, la première fois vers dix-sept heures, la seconde fois vers vingt-trois heures. Et cela faisait donc, pour toute la journée, deux cuillerées de légumes, ou de nouilles, et cent grammes de pain. Juste de quoi ne pas mourir. Ou de quoi traîner un peu, avant de mourir...

SONIA

Le pire, pourtant, était Sonia. Car c'était Sonia qui présidait à nos repas. Je ne sais d'elle que ce prénom. Mais c'était une maîtresse femme, cette communiste. Dans le civil, il paraît qu'elle était mère plutôt féconde, traînant après ses jupes quatre ou cinq marmots. Et je comprends qu'un homme d'ardeur même moyenne n'ait pas renâclé à faire toute cette famille, Sonia servant de matière première. Vraiment, Sonia était un beau brin de fille, bien tournée, grande, mince de taille et pourtant assez en chair, de visage tragique, mais gaie, nerveuse, vivante comme trois chèvres. L'opinion générale était qu'elle ne manquait pas de tempérament. Certains contaient que, pendant les corvées de balayage, ils l'avaient vue dans des coins, se laisser serrer de près par des F.T.P. de l'autre sexe. Entre nous, nous l'avions surnommée « La Pasionaria ». Et elle méritait surtout ce nom par la haine attentive, indus- trieuse et toujours forte en gueule, dont elle nous entourait. Cette haine atteignait au chef-d'œuvre à l'heure des repas. Car Sonia, longuement, jouissait de nous voir, l'assiette sur les genoux, qui attendions notre pitance. Elle s'était attribué la grande cuiller. Et nous attendions que, précédée des F.T.P. portant la bassine, elle passât parmi nous, qu'elle nous versât enfin notre ration. Il y avait plus de dix heures, depuis le petit matin, que nous attendions...

Mais Sonia éprouvait je ne sais quelle volupté exceptionnelle à nous faire attendre encore, à nous tenir là, tout affamés, devant elle, et dépendants d'elle, misérablement. À chaque repas, c'était la même comédie. Elle avait décrété qu'elle ne ferait pas la distribution avant que nous eussions fait un silence absolu. Aussi, quand la bassine était posée, parfois fumante, au milieu de nous, Sonia commençait-elle par se croiser les bras et par nous dévisager, un à un, avec un mauvais sourire. Et bientôt elle finissait par trouver son prétexte. Ou bien elle l'inventait, quand nous étions trop muets. « Eh bien, disait-elle, il y a encore quelqu'un qui cause. Vous savez, j'entends clair, moi. Je n'ai pas les oreilles constipées. Il y en a encore un qui cause, je vous dis. Alors vous attendrez. Je peux attendre, moi. J'ai mangé, moi. » Et pendant des quarts d'heure, elle nous faisait attendre ainsi, campée le poing sur la hanche, fredon- nant, narguant, et toute luisante de haine dans les yeux. C'était son temps de puissance, comme j'ai dit. Elle le savourait minute par minute. Et elle l'assaisonnait de tout un bavardage décousu, insolent, qui ne manquait pas d'une verve de faubourg et de corps de garde. « Hé, criait-elle, toi, le cocu, là-bas, tu as parlé dans ta barbe ! Je t'ai vu parler, le cocu. Eh bien, vous autres, vous attendrez encore, grâce au cocu ! » Et ça durait, et ça durait... Nous avons attendu parfois près de trois quarts d'heure, devant la bassine qui refroidissait. Et nous n'osions regarder Sonia, de peur qu'elle ne vit, dans nos regards, l'envie que nous avions de la prendre à la gorge, pour étouffer toute sa petite voix aigre, toutes ses ordures savantes, toute sa fureur de femme acharnée à faire souffrir des faibles. Il y a des moments, comme ceux-là, où il faut qu'il soit bien fort, le serment qu'on s'est fait à soi-même, à tout jamais, de ne pas haïr...

LA GRANDE PITIÉ DES VENTRES

Enfin Sonia prenait la grande cuiller... Et nous mangions. Nous faisions quelques mouvements des mâchoires, de la langue, de la gorge qui sont ceux du manger, Mais c'était fini tout de suite, au moment où, de tout notre corps, nous nous disposions à continuer. Il nous restait, dans la bouche, comme de la salive sans emploi, et tout un estomac aux trois quarts vide qui attendait, comme à l'accoutumée, de quoi travailler, de quoi recréer de la confiance, du courage, de la joie. Le repas tant attendu, depuis le matin et si vite englouti était une dérision. Et ce fût l'occasion d'autres abaissements. Il y avait, parmi nous, un homme dont je ne sais rien, sinon qu'il était maigre comme une caricature. Un jour, il a trouvé le moyen de se raser, et il était à faire peur, avec les os du visage qui saillaient. Nous l'avions surnommé le Famélique. Et le Famélique nous donnait, à chaque repas, un spectacle, pitoyable, et pourtant répugnant. Il avalait sa part avec une rapidité prodigieuse. Puis il passait parmi nous, sa fourchette et son assiette à la main. Les F.T.P., par je ne sais quelle obscure charité, le laissaient aller. Il rôdait donc et regardait dans nos assiettes, pour le cas où nous aurions laissé quelque chose. Si, dans une assiette, il y avait quelque bribe, il grattait, raclait, récurait. Parfois il lui arrivait une aubaine, comme, de trouver le tiers ou le quart d'une part que quelqu'un, trop malade ou trop torturé, avait laissé là. Une fois, il a même, mangé à sa faim. Car les légumes déshydratés, que sans doute les femmes F.T.P. avaient oublié de faire assez tremper, étaient, à proprement parler, immangeables. La moitié d'entre nous s'étaient contentés de leur pain. Aussi le Famélique a-t-il pu se bourrer de légumes et se repaître, tout son saoûl. Et tout cela sans sourire, sans presque dire un mot. À peine sais-je, quand on lui offrait quelque chose, s'il disait merci. Il était là, qui rôdait. Il était là, aux aguets, avec la seule pensée de garnir sa panse, de sauver sa vie. Nous l'avions surnommé le Famélique. Mais nous sentions qu'il y avait en lui quelque chose de perdu. Ce n'était plus un homme. C'était un homme-chien.

Les autres se contentaient de leur part, et ils se desséchaient sur place, au courant des jours. J'ai la certitude que le régime auquel nous étions soumis n'aurait permis à aucun de nous de survivre plus de trois mois. Chacun perdait deux ou trois kilogrammes de sa substance par semaine. Et ça se voyait surtout sur les gros, qui consommaient, au dedans, leur propre graisse, de telle sorte que bientôt, en eux, tout était flasque et que leurs joues pendaient. Les maigres paraissaient tenir mieux à ceci près que des lueurs de fièvre, chaque jour, grandissaient dans leurs yeux. Pour moi, c'est Jeanne, une fois encore, qui m'a sauvé. Pendant que je mangeais mes nouilles ou mes pois cassés, elle attirait soudain mon attention, de l'air le plus naturel, sur le comportement de tel ou tel prisonnier, ou de tel ou tel F.T.P., à droite ou à gauche. Et moi, stupidement, je tournais la tête, je regardais. Il n'en fallait pas plus pour que, d'un tour de main, elle eût, dans mon assiette, jeté le quart ou le tiers de sa part. Je n'y ai jamais rien vu. Elle avait gagné mes voisins, elle les avait convaincus de ne rien me dire, de favoriser ses ruses, sous le prétexte que j'étais malade et qu'elle se portait bien. Au camp à Drancy, elle a été encore plus éhontée. Nous ne gîtions plus dans le même corps de bâtiment. Aussi a-t-elle pu me faire bien des contes. Elle m'apportait du pain, et tout ce qu'elle pouvait, sur sa part, en m'expliquant que, dans sa chambrée, elle était gâtée par Mme X... ou par Mr Y... qui, recevant beaucoup de colis, partageaient avec elle. Et moi, le misérable, je croyais, j'acceptais, je m'empiffrais. Pendant ce temps, elle a abominablement souffert de la faim. Elle m'a avoué depuis avoir mangé jusqu'à des trognons de chou qui traînaient par terre, près des cuisines. Sans doute pensera-t-on que j'étais bien aveugle, bien niais. Mais, je vous assure, une femme a du génie, quand elle aime...

Pourtant, à l'Institut, elle n'a pu assez faire pour moi. Même toute sa part, ajoutée à la mienne, n'aurait pu me conserver dans l'état de santé précaire où des soins constants, une bonne nourriture de tous les jours avaient, en temps normal, peine à me maintenir. Et il m'est arrivé une étrange aventure. Je me suis senti me défaire lentement, et presque sans douleur, comme quelqu'un dont on aurait bu le sang, à son insu. Il m'est venu une espèce d'insouciance ou de détachement qui ne laissait intacte en moi que ma curiosité d'observer des vivants aussi exceptionnels. J'aurais pu encore écrire, noter, si j'en avais eu les moyens matériels. Ma mémoire, elle aussi, tenait bon, et souvent, pour la distraire, j'ai, tout bas, récité à Jeanne des vers, de ceux que j'aime, de ceux qui sont éternels. C'est ma vue, la première, qui a cédé. J'ai eu comme une presbytie galopante, par infinie faiblesse, jusqu'à ne plus pouvoir lire qu'à bout de bras. Puis le cœur s'est affolé, battant la charge par crises, comme si j'avais monté cinq étages. Le plus dur a été un curieux accident, qui devait être nerveux. Toute salive s'était retirée de ma bouche, tel point que je ne pouvais plus avaler naturellement et que même mon pauvre bout de pain, il ne passait, bouchée par bouchée, qu'à force de verres d'eau, qui le diluaient un peu. À la fin, j'ai dû, chaque matin, prendre la file de ceux qui descendaient à l'infirmerie. Et le docteur Ngo-Quoc-Quyen, très vite, a pris peur, en constatant comme je m'affaiblissais. Une fois, d'un matin à l'autre, il a mesuré que ma tension était passée de 16 à 22. Mais que pouvait-il faire ? Il n'avait à sa disposition que quelques bandes, qu'un peu d'ouate, que quelques médicaments pour panser les blessés, les torturés auxquels il fallait, tout de même, rendre figure humaine. Rien n'était prévu pour les meurt-de-faim. Il m'a pourtant, un matin, apporté du dehors un sandwich au beurre, en se cachant, Il aurait bien voulu faire plus. Mais, dans cette période terrible, il était aussi impuissant que le sont tous les médecins pendant toutes les guerres, où le pouvoir de guérir est bien au-dessous du pouvoir qu'ont les hommes de se tuer et de se faire souffrir.

CHAPITRE VIII

« DURS » ET « MOUS »

Histoire

Cependant, il se passait des choses, à l'extérieur, d'étranges choses qu'on ne connaîtra jamais bien. Car tous les esprits étaient dans un délire de haine ou d'épouvante, de joie ou de désespoir. Et qu'attendre de tels témoins ? Je n'ai jamais mieux compris la vanité de l'histoire que dans ces jours de la Libération. L'histoire, dit-on, est une science, et il suffit de bons témoignages, pour qu'elle soit aussi objective que la physique. Mais, d'après ma petite expérience, il n'y a de bons témoignages que dans les époques où il ne se passe rien. Et c'est facile à comprendre. Quand il se passe quelque chose, parmi les hommes, quelque chose qui compte et qui les excite vraiment, alors, ils sont si passionnés, si hors d'eux-mêmes que tout le sang de leur cœur, à grands coups, leur remonte jusqu'aux yeux, jusqu'aux oreilles, et leur brouille les sens. Ils ne voient plus, ils n'entendent plus rien comme cela est. Ils voient leurs adversaires comme au travers de fumées d'enfer, comme des démons dont la moindre parole est un blasphème et le moindre geste un maléfice. Eux-mêmes, ils se voient comme des archanges qui ont mission d'exorciser l'Erreur et d'exterminer le Mal. Le mensonge est alors partout, sur toutes les lèvres, dans l'excès des haines, dans l'aveuglement des amours, dans la déclamation et dans l'extravagance des passions. Et même les morts sont menteurs, car ils ne sont pas morts pour ce qu'ils croyaient, tant les autres, contre lesquels ils se sont battus, étaient différents de ce qu'ils imaginaient. L'historien peut bien se promener dans ce désordre, avec une lanterne. Il ne trouvera que mensonge. Pour avoir de bons témoignages, il devrait attendre un temps où tout soit au repos, où les événements soient ordinaires, où les hommes soient revenus à la grisaille de tous les jours. Il rencontrerait alors de bons témoins, avec un visage calme, avec des yeux clairs. Mais ils n'auraient à lui dire que la température qu'il fait, ou leur santé, ou la naissance de leur petit dernier... Pauvre historien !

Il nous venait, à nous aussi, des rumeurs... Quand nous pouvions, à la dérobée, lire un journal qui traînait, ou quand un F.T.P. condescendait à dire les nouvelles... Et la rumeur à la mode était que des Miliciens, que des « desperados » de la L.V.F. ou du P.P.F. tiraient sur la foule, du haut des toits. Tout Paris, pendant des jours, a vécu dans la curiosité ou dans la terreur de ces assassins de gouttière. Chaque quartier avait le sien, sur lequel les concierges, les locataires faisaient des hypothèses et des déductions. On connaissait sa manière. On reconnaissait son coup de fusil. Le matin, on s'interrogeait pour savoir sur quel toit il avait passé la nuit. Mais, peu à peu, il s'est produit un curieux phénomène de dissociation de la matière. Les assassins de gouttière se sont résorbés dans l'espace, évaporés dans le ciel, sans laisser de traces et sans avoir, en général, tué personne. Certes, je ne veux point dire qu'il n'y en a pas eu. Il paraît, par exemple, assez bien établi que, place de la Concorde, quelques fous ont tiré, le jour de l'apothéose. Mais j'ai idée qu'on a imaginé cent fois plus de tireurs des toits qu'il n'y en a eu. Je n'ai point lu, en tout cas, que les Cours de Justice aient eu à en juger, à l'exception d'un professeur de lycée, qui était en mauvais termes avec ses voisins, mais qu'il a fallu acquitter, tant l'accusation était creuse, On n'en a pas, non plus, arrêté beaucoup, malgré toute une offensive de F.F.I. grimpeurs et de concierges au guet. Et, cent fois sur cent une, ceux qu'on arrêtait étaient aussi innocents que cette femme dont j'ai conté l'histoire et que les F.T.P. ont dû réhabiliter, par affiche, après l'avoir fusillée. À la vérité, il s'est produit, pendant quelques jours, un phénomène d'hallucination grégaire. Les F.T.P., les F.F.I. tiraillaient un peu partout, pour s'amuser, par maladresse, par ivresse, ou parfois sur de pauvres bougres. Et cela faisait toute une pétarade héroïque qu'on ne pouvait, à moins d'être bien mal pensant, prendre pour de la poudre jetée aux moineaux. Il était patriotique, et particulièrement exaltant, de penser que tous ces coups de feu étaient échangés dans un combat contre les ennemis de la Patrie, lesquels, comme il se doit, devaient être honteusement dissimulés dans des coins d'ombre ou tout rampants dans des gouttières, pour abattre des Français par trahison. De là bien des fantômes... Or cette fantasmagorie, projetait des reflets jusqu'à nous, par quelques nouvelles glanées de ci de là. Et nous imaginions, nous aussi, toute une guérilla. Nos F.T.P., de temps en temps, nous faisaient passer des frissons dans le dos, en contant les horreurs commises, du haut des toits, par ceux qu'ils nommaient nos « frères », et en nous faisant comprendre que tout cela se paierait sur notre peau. Mais ils en rajoutaient. Ils ne parlaient point seulement de quelques tireurs isolés. Ils soutenaient que, la nuit venue, des bandes du P.P.F., de la L.V.F., de la Milice, parcouraient Paris dans des voitures volées, qu'elles tiraient, tuaient, incendiaient, et qu'elles faisaient des coups de main contre les prisons, pour délivrer leurs camarades. Enfin, à les en croire, tout Paris aurait été à feu et à sang.

LE SOIR DU 5 SEPTEMBRE

Mais, au début, je n'ai point voulu les croire. Ou je me disais, du moins, qu'ils exagéraient, pour mieux faire valoir leurs victoires ou tout simplement pour nous faire peur. Et ce n'est que le 5 septembre que mon scepticisme a été culbuté, balayé d'un coup. Il était sept heures du soir, et la vie allait son train. Pourtant on ne nous avait pas encore apporté à manger. Et c'était inhabituel. D'ordinaire ils ne nous faisaient attendre que de six heures et demie, du matin, à cinq heures du soir. Nous nous demandions donc ce qui arrivait. Mais nous ne cherchions point trop loin des explications. Nous pensions seulement, les connaissant bien, qu'ils avaient inventé un nouveau moyen, de nous faire souffrir. Et nous avions faim, hideusement. Nous attendions Sonia, la grande bassine, la bouchée de pain, la cuillerée de pois...

Mais ce fut le capitaine Bernard qui vint. Thomas, Marcel, Rivier étaient avec lui. Tout l'état-major, enfin. Une dizaine de F.T.P. suivaient, armés de mitraillettes, de grenades. Deux d'entre eux portaient même une mitrailleuse avec son trépied. Et tous leurs visages étaient froids, fermés, tendus, comme de statues. Bernard donna un ordre. La mitrailleuse fut portée sur la scène, posée, ajustée, et braquée sur nous, entre ses deux servants, prête à tirer. D'autres F.T.P. se placèrent aux quatre coins de la salle, la mitraillette comme en position d'alerte, et deux grenades à la ceinture. D'où j'étais, je ne, pouvais voir ce qui se passait sur le balcon, par-dessus ma tête. Mais on m'a conté, plus tard, que quatre F.T.P. s'y étaient postés aussi, que deux, au centre, avaient braqué une autre mitrailleuse sur la salle, et que les deux derniers, aux deux coins, avaient attendu, comme au garde à vous, avec des mitraillettes encore, avec des grenades encore. Enfin nous étions cernés par tout un appareil de meurtre, de quoi nous exterminer en une minute, et par d'étranges visages, de quoi nous faire trembler. Il se fit un prodigieux silence, comme si personne n'avait plus respiré.

Et Bernard parla... Il parla d'une voix presque basse, et comme contenue, qui laissait deviner, par cette espèce de modération même plus de dureté et plus de haine qu'il n'en paraissait dans les mots... Il dit que, d'après certaines informations qu'il avait reçues, il était hors de doute que l'Institut allait, la nuit tombée, être attaqué par une bande du P.P.F. et de la Milice, qui avait formé le projet de nous délivrer. Cette bande serait bien reçue, nous pouvions y compter. Mais il allait de soi que les F.T.P. n'entendaient nous laisser aucune possibilité de les attaquer du dedans, pour prêter main-forte à nos amis attaquant du dehors. Il nous était donc, à partir de ce moment même, absolument interdit de nous déplacer, sous quelque prétexte que ce fût, et même de bouger. Celui d'entre nous qui ferait le moindre geste suspect serait immédiatement abattu. D'ailleurs il était inutile de nourrir aucun espoir de délivrance. « J'ai charge de vous, dit Bernard, charge de vous garder pour le châtiment que vous méritez. En aucun cas, je ne vous laisserai sortir d'ici. J'ai tout prévu. Si vos amis, malgré notre résistance, parvenaient jusqu'à cette salle, les F.T.P. que je viens de placer autour de vous ont ordre de vous tuer tous, à coups de grenades et de mitrailleuses. Vos amis ne vous retrouveront donc pas vivants. Tenez-vous le pour dit, et souhaitez que nous repoussions l'attaque. C'est votre seule chance de survivre, du moins ce soir. » Il dit, et il s'en alla. L'état-major le suivit. Quelqu'un resta pourtant, pour commander la garde. Thomas ou Marcel. Je ne sais plus...

Et nous avons attendu, pendant deux heures. Personne n'avait plus faim. La terreur asséchait la bouche, nouait l'estomac. Cent cinquante misérables, au fond d'eux-mêmes, priaient pour qu'aucune bande, même amie, n'entreprît de les délivrer, pour qu'on les laissât croupir dans l'état où ils se trouvaient, et rêvasser, et manger leur cuillerée de pois, ce qui était encore vivre du moins. Pourtant, bien que l'épouvante de tous me pénétrât moi aussi jusqu'aux os, je doutais, je voulais douter encore. Je me souvenais que, dans la nuit du 30 août, il y avait eu, déjà, une semblable alerte, et qu'elle n'avait été produite que par de faux bruits. Je me, disais que ce devait être la même chose, que ce n'était que de l'agitation vaine et qu'il ne se passerait encore rien. Je réussis même, pour Jeanne, à murmurer du coin des lèvres : « N'aie pas peur. C'est comme le 30 août. » Tout de même, le sergent Maurice m'inquiétait un peu. Il avait été posté dans notre coin, à quelques pas. Et ce gai luron, ce trousseur de filles, n'était ce soir-là, visiblement pas à son aise. Il ne riait plus, il ne plaisantait plus. Il avait, dans le coin du regard, quelque chose d'inquiet, et même de traqué.

Mais ce n'est que vers neuf heures que l'enfer s'est déchaîné sur nous. D'abord on a couru dans les couloirs. Un F.T.P. est venu, tout essoufflé. Il a murmuré je ne sais quoi aux autres, qui sont devenus tout sombres. Et celui qui commandait, Thomas ou Marcel, leur a donné l'ordre de préparer leurs armes, de se tenir prêts. Nous avons entendu le bruit des fusils, des mitraillettes qu'ils armaient. Nous avons vu que, sur la scène, ils posaient leurs grenades sur la table, bien à portée de la main. Mais il y a eu un incident. Le sergent Maurice, au lieu de faire comme les autres, a posé sa mitraillette et ses grenades sur le plancher, auprès de lui. Et il a commencé, avec lenteur à retirer un de ses souliers, puis à dérouler une bande qui enveloppait un de ses pieds. On eût dit qu'il le faisait exprès, et je suis sûr qu'il le faisait exprès, en effet. Alors le chef des F.T.P. est venu vers lui, le visage mauvais, et j'ai entendu qu'il disait : « Mais tu es fou ! Qu'est-ce que tu fais là ? » Maurice a répondu qu'il avait mal au pied, que sa bande lui faisait mal, qu'il fallait la replacer mieux. Et l'autre lui a ordonné, d'un ton sec, de se hâter. Mais Maurice ne s'est pas hâté du tout. Il était clair qu'il cherchait, en faisant traîner cette besogne pacifique, à retarder quelque chose dont il avait peur ou horreur. La manière dont il s'y prenait pour enrouler à nouveau sa bande, faisant un tour, puis le défaisant, et le tout avec une mauvaise volonté évidente, était comme une manière de dire non. Il a même voulu, un premier pied étant rebandé et rechaussé, entreprendre le même travail sur l'autre pied. Mais, cette fois, le chef a bondi, le revolver au poing. Il a soufflé entre ses dents des insultes, des menaces. Maurice a repris sa mitraillette, ses grenades, et il a recommencé à attendre, comme nous, d'un air malheureux. Il faisait un grand silence, tout plein de choses mortellement froides, comme une citerne.

Un coup de feu a crevé ce silence. Puis il y en a eu un autre, et un autre encore, et enfin tout le bruit crépitant d'une mitraillette dans les jardins. C'était donc vrai. Quelqu'un attaquait, et il apportait notre mort avec lui... Nous avons été, alors, comme des condamnés à la dernière demi-heure, attendant la fin, sous l'œil noir de la mitrailleuse, qui attendait aussi. Des femmes se sont évanouies, et elles ont eu la chance de ne plus rien entendre, de rester là toutes molles et blêmes, pendant l'épouvante. Les mitraillettes, dans les jardins, crépitèrent bientôt un peu partout. Une grenade a éclaté, avec un bruit mat et énorme, à arrêter le cœur. Et le bruit se rapprochait. Une deuxième grenade a fait trembler les vitres, encore plus près. À côté de nous, le sergent Maurice est devenu tout pâle, infiniment pâle, comme s'il allait mourir. Mais j'ai soupçonné, dans un éclair, pourquoi le sang se retirait de lui. Et je crois, vraiment, que c'était de nous tuer qu'il avait peur, d'avoir à jeter ses grenades sur nous, d'avoir à tirer toutes les balles de sa mitraillette sur nous, si les autres approchaient encore. Car, si les autres approchaient encore, s'ils parvenaient jusqu'à nous, si l'un de leurs visages venait à paraître, comme un fantôme, derrière l'une des fenêtres, alors il faudrait exécuter l'ordre de Bernard, et tout massacrer dans la salle. J'ai donc, dans un éclair, compris tout cela. Et j'ai fait coucher Jeanne sur le plancher, malgré les ordres. Je me, suis, moi-même, courbé derrière un fauteuil, dans un geste de pauvre défense. Maurice, qui pourtant avait à surveiller notre coin, n'a rien paru voir... Une grenade encore a éclaté, plus près, et une autre, plus près encore. On eût dit un géant qui venait, à grands pas sonores, et qui apportait le néant... Maurice, à chaque coup, était comme quelqu'un qui va défaillir. Il était plus pitoyable que nous, qu'il allait tuer. Pourtant il avait déjà, selon la consigne sans doute, pris une grenade à la main, et il la tenait prête, avec l'horreur d'un crime tout proche dans les yeux. Je suivais, sur son visage, je ne sais quoi de suprême, qui était tout à la fois la dernière hésitation de son âme et le dernier vacillement de notre vie... Puis, étrangement, inexplicablement, ce fui fini... Quelques coups de feu encore qui s'éloignaient... Un dernier coup de feu...

Et un silence, un grand silence à nouveau, mais qui était cette fois, si doux, si pur... Ensuite, on a couru, à nouveau, dans les couloirs. Bernard, Rivier et d'autres F.T.P. sont revenus. Mais ils avaient retrouvé leurs anciens visages. Ils riaient même, ils se félicitaient entre eux. Ils ont conté qu'ils avaient repoussé les assaillants, qu'ils en avaient tué deux. Nous pouvions donc respirer, revivre. Et, vers onze heures, on nous a enfin apporté à manger.

Mais il faut que, sur cette nuit du 5 septembre, je conte encore deux faits. Peut-être aurait-on de la peine à croire que le capitaine Bernard a, sérieusement, donné t'ordre de nous exterminer tous, si les assaillants parvenaient jusqu'à la salle. J'avais, moi-même, peine à le croire. Le lendemain, j'ai donc interrogé quelques F.T.P. et, en particulier, Maurice, pour avoir des détails. Tous m'ont affirmé qu'ils avaient bien reçu un tel ordre, et qu'ils l'auraient exécuté. Maurice a même expliqué qu'il en était « tout retourné ». « Bien sûr, m'a-t-il dit, je n'aurais pas eu de remords à tuer quelques-uns des salauds qui sont ici, par exemple ceux qui ont dénoncé et fait fusiller des camarades pendant l'occupation. Mais je sais bien qu'il y a aussi, dans la salle, des gens auxquels on n'a pas grand'chose à reprocher, et même des gens qui sont innocents. Avoir à tirer dedans, bon Dieu, ça me faisait quelque chose ! » Je n'ai appris l'autre fait que beaucoup plus tard, en 1945. C'est un fait énorme, et je ne le rapporte pas sans une complète certitude. Le voici. J'avais eu raison de ne pas croire les récits des F.T.P. quand ils soutenaient que Paris, la nuit venue, était parcouru par des bandes de la L.V.F., du P.P.F. et de la Milice. J'avais eu raison de douter du discours que nous avait fait Bernard, le 5 septembre, en affirmant qu'une de ces bandes allait attaquer l'Institut. Car ceux qui sont venus, cette nuit-là, ceux qui ont cherché à nous arracher aux F.T.P., c'étaient des hommes de la police, tout simplement. Le gouvernement essayait de rétablir l'ordre de reprendre les rênes en main. En particulier, il avait décidé de faire cesser la bouffonnerie sanglante des prisons privées, avec leur caricature de justice. Il y avait, d'ailleurs, été poussé par les plaintes qu'élevaient, de toutes parts, les familles des innocents, et par toute une rumeur d'horreur et d'indignation. Bernard, comme tous les tenanciers de bagnes privés, avait donc été prié de remettre ses prisonniers à la justice officielle, qui les libérerait ou les jugerait, après enquête. Mais il avait refusé. Il avait, alors, été sommé d'obéir. Et il avait refusé encore. Aussi avait-on imaginé, pour l'intimider, d'envoyer à l'Institut des forces de police, avec mission de ramener les prisonniers. Mais c'était bien mal connaître l'homme. Il a reçu la police avec des coups de mitraillette, avec des grenades, et surtout avec la menace horrible de nous tuer tous, si elle poussait plus avant. Je ne sais s'il est vrai que deux policiers ont été tués, dans l'échauffourée. Mais, devant ce furieux, la police finalement a dû se retirer, pour éviter un massacre. Et il est rentré, tout triomphant, dans son repaire, pour y remâcher des haines...

TRIAGE

Mais je suis en mesure, maintenant de mieux reconstituer, de mieux expliquer ce qui s'est passé à l'Institut, après le 5 septembre. L'histoire, sans doute, avait fait du bruit, Le grand état-major des F.F.I. a dû s'en préoccuper. Et Bernard a eu, cette fois, une conversation d'un genre un peu sérieux avec le colonel Rol-Tanguy. Il a dû faire des concessions, promettre de livrer ses prisonniers, dans un certain délai, et surtout d'épargner, en attendant, ceux dont le cas n'était pas grave, ceux qui étaient innocents. Toujours est-il que, dans l'après-midi du 6 septembre, Rivier est venu. Il apportait des nouvelles presque incroyables, tant elles nous changeaient des agonies de la veille. Il apportait l'espoir, et même la délivrance. Et voici comment il tourna sa harangue. Les F.T.P. avaient réfléchi que, s'ils avaient eu, la veille, à tout exterminer dans la salle, ils auraient, avec des hommes qui étaient coupables, exterminé d'autres hommes qui l'étaient moins, ou même qui étaient innocents. L'aveu, à nos oreilles, sonna comme une fanfare. Mais Rivier y revint, s'y étendit. Il avoua, tout ingénument, qu'il se trouvait, parmi les prisonniers, des personnes qui avaient été arrêtées par erreur, et d'autres qui n'avaient commis que des imprudences, dont il ne leur serait pas demandé compte bien durement. Enfin il y avait, parmi nous, des « durs », des « dangereux » qui seraient remis aux tribunaux, pour subir leur châtiment, et des « mous » ou des innocents, qui seraient libérés, après quelques formalités. Aussi les F.T.P. avaient-ils décidé de ne plus traiter de la même manière les uns et les autres. Il allait donc être procédé à un triage. Les « durs » seraient menés dans une autre salle, au premier étage, où ils seraient soumis à une surveillance et à une discipline extrêmement sévères, en attendant d'être envoyés à Fresnes, ou dans quelque autre prison. Les « mous », désormais, vivraient dans la bibliothèque, au rez-de-chaussée. Et, comme ils ne seraient plus mêlés aux « durs », ils profiteraient d'un traitement de faveur. Ils pourraient parler entre eux, fumer et se conduire presque en hommes libres, du moins à l'intérieur de la bibliothèque et à condition de ne pas faire trop de désordre et de bruit. Pour le moment, le capitaine Bernard et son secrétaire étaient occupés à examiner le cas de chacun de nous, pour l'affecter aux « durs » ou aux « mous ». Dès qu'ils auraient terminé, le grand déménagement commencerait...

Il est inutile, je pense, de conter notre joie... Évidemment, les plus heureux étaient ceux qui se croyaient sûrs d'être parmi les « mous ». Et le nombre n'en était pas si grand. Car il ne fallait point attendre trop d'indulgence de Bernard et de Marcel. Aussi beaucoup étaient-ils incertains, et se torturaient-ils l'esprit à supputer leurs chances, tantôt éperdus d'espérance et tantôt se retenant de trop espérer, par peur de tomber dans la désillusion, comme dans un trou. Mais même ceux qui étaient sûrs d'être parmi les « durs » n'étaient point si mécontents. Des nouvelles apportées par Rivier, ils retenaient du moins qu'ils seraient bientôt transférés dans des prisons de l'État, où il était vraisemblable qu'ils n'auraient plus affaire à des tortionnaires, à des bourreaux partisans. Quant à Jeanne et à moi, nous rêvions de Jacques, de ses petits bras, de ses petits mots... Pourtant, nous avons attendu toute une soirée, toute une nuit, toute une matinée encore le décret des dieux. Bernard et Marcel devaient travailler en conscience, sans se presser. Enfin, le 7 septembre, vers midi, Rivier est venu nous informer de leurs décisions. Ce fut un peu comme à la fin d'un concours, quand un grave examinateur vient lire les noms retenus par le jury. Et, pareillement, parmi tous ces candidats à la liberté, il y eut des exclamations, des tremblements, des bondissements de joie. Il y eut aussi des dos qui vieillirent, qui se courbèrent, comme si le poids du monde, tout à coup, avait pesé sur eux. Jeanne et moi, nous étions promus à la dignité de « mous ». Et nous nous serrâmes la main, avec des larmes dans les yeux. Mais L'Hévéder, inexplicablement, était envoyé au premier étage, parmi les « durs », les « dangereux ». Bernard, sans doute, n'avait pu lui pardonner le crime d'avoir voté, en 1939, la dissolution du Parti Communiste. L'Hévéder est donc monté au premier étage, avec la vieille concierge qui, elle non plus, n'y comprenait rien, avec Guichet, avec Mme Coty, avec Klein, avec Canon, avec Demangeot, avec les dénonciateurs, avec les agents de la Gestapo. Et il paraît que là-haut, ce fut terrible. La garde avait été confiée aux F.T.P. les plus féroces, les plus scientifiques. Sonia, elle-même, venait prendre la garde et narguait et provoquait et virevoltait avec des rires. Les « durs » devaient, le jour et la nuit, se tenir dans une immobilité de pierre, sur des chaises étroites et rudes. Ils étaient constamment épiés, repris au moindre geste, fouillés, dépouillés même d'un bout de crayon, même d'un mégot trouvés dans leurs poches, et punis quand on en trouvait. Le bruit courait aussi que les F.T.P. en exécutaient encore quelques-uns dans les caves, pendant la nuit... Par bonheur, L'Hévéder n'est pas resté longtemps dans ce bagne. Il était si clairement innocent de toute « collaboration » que des puissances ont dû s'inquiéter de lui, s'agiter, protester. Et Bernard a été obligé de céder. L'Hévéder a, d'abord, été descendu à l'infirmerie, où il a attendu un ou deux jours, étendu sur un matelas, et crachant ses poumons. Puis on l'a mis dehors, un matin. Il s'est traîné vers la rue de la Croix-Nivert, tout titubant de faiblesse et de joie.

LES « MOUS »

Quant à nous, les « mous », nous avons déménagé dans l'après-midi du 7 septembre. Ce fut un beau branle-bas, avec rires, gamineries et traînement de matelas. Toute notre bande s'est répandue dans les couloirs, un peu ivre, comme des écoliers au grand soir des vacances. « Mettons les livres au feu, et les maîtres au milieu ! » A vrai dire, le départ en vacances n'était pas pour le jour même. Le pion Rivier avait annoncé quelques formalités. Et nos maîtres, en attendant, nous ont enfermés dans la bibliothèque, avec deux F.T.P. et leurs éternelles mitraillettes, pour garder la porte. D'ailleurs, en ce qui concerne le local, nous perdions au change. La bibliothèque était beaucoup moins large que la salle de cinéma, moins haute de plafond, et plus sombre. Nous perdions les grandes fenêtres, par où l'on voyait au moins le haut du jardin, la tête des arbres, le balancement du vent. La bibliothèque n'avait que deux fenêtres étroites, fortifiées par de gros barreaux et malencontreusement masquées, dans le haut, par des pan- neaux de bois. Pourtant on pouvait voir un peu par dessous les panneaux. On voyait une rue et, de l'autre côté de la rue, un terrain vague. Mais le bonheur était, dans la rue, de voir passer des hommes, des hommes avec toute l'apparence de la liberté, allant, revenant, s'arrêtant comme ils voulaient, dans l'orgueil de leur stature droite. Nous perdions aussi les fauteuils, et nous devions nous contenter de quelques chaises, de deux ou trois bancs de bois. Je m'excuse de ce détail. Mais il compte. Car les parties charnues recèlent fâcheusement, dans les profondeurs, toute une armature d'os, qui se fait sentir à la longue, quand on n'a rien d'autre à faire qu'à rester assis. Il faut aussi que j'avoue une autre déception. Au mot de bibliothèque, j'avais imaginé une montagne de livres, où je pourrais fouiller un peu. Mais, tout autour de la bibliothèque, les livres étaient sous clef. Je n'ai donc pu que lire les titres, et je me suis consolé en constatant que ce n'étaient que des livres traitant des mâchoires, de la bouche, des dents et autres matières rébarbatives. Enfin il faut bien dire que rien, quant aux repas, ne fut changé. Toujours la bouchée de pain, la cuillerée de pois ou de nouilles, aux mêmes heures absurdement tardives. Sonia présidait encore aux distributions, et elle ne pouvait se retenir de nous jouer sa petite comédie, comme à l'accoutumée.

Mais je ne veux pas qu'on me tienne pour un mauvais esprit qui ne pense qu'au mauvais côté des choses. Et je confesse donc que nous avons eu de bons moments, aux « mous ». Le climat était à l'allégresse dans ce troupeau d'hommes et de femmes promus à l'innocence, ou à la demi-innocence, et promis à la liberté. De la promesse de liberté, nous avons, d'ailleurs eu confirmation de la bouche même de Bernard, le 8 septembre. L'état-major des F.F.I. a, ce jour-là, envoyé un personnage pour inspecter l'Institut, pour vérifier, sans doute, comment Bernard suivait les ordres. Nous avons vu entrer Bernard, étrangement doux et déférent, et conduisant un grand gaillard en uniforme qui nous a dévisagés, qui a tout regardé. Tous les deux ont ensuite chuchoté entre eux, devant nous. Et j'ai eu, avec deux ou trois autres, le privilège d'entendre cette phrase, de Bernard : « Ceux-là, ce sont les libérables. » Les libérables... Vous pensez si le mot valait son pesant d'or !... Quand Bernard et le personnage furent partis, ce mot fut aussitôt monnayé entre tous. Et ce fut un ravissement. Mais il a fallu répéter le mot, interminablement, à des douteurs qui n'en croyaient pas leurs oreilles et qui allaient de l'un à l'autre de ceux qui l'avaient entendu, questionnant sur le ton avec lequel il avait été dit, sur les syllabes et presque sur l'orthographe. C'étaient des : « Voyons, c'est bien ce qu'il a dit ? » et des :

« Dites, vous l'avez bien entendu, vous-même ? », et autres questions oiseuses. Il y a toujours de ces rabat-joie.

Mais il n'y avait place pour aucun doute. Le mot avait bien été dit. Et, depuis ce mot, nous avons vécu dans une félicité inaltérée. Cette félicité, nous pouvions l'extérioriser, puisque nous avions la permission de converser. Et ce fut, pendant quelques jours, un invraisemblable bavardage. Des cercles se formèrent, d'après les affinités. Le cercle le plus distingué, le plus puissant sur l'opinion générale, était composé par quelques personnalités, dont les principales étaient Janson, le journaliste, Rouchez et Martinelli, industriels, Pescader, ancien commissaire de police, Mme Albertini, et un autre député, René Château, qui était arrivé, deux ou trois jours auparavant, avec sa femme, et que je n'ai connu qu'aux « mous ». Il s'y joignait aussi une femme d'une quarantaine d'années, qui avait de beaux restes et une verve du diable, Lucienne Senan. Je m'associais aussi aux débats, modestement. Et nous parlions, du matin au soir, en fumant des mégots, quand des mégots il se trouvait. C'est incroyable ce que nous avons pu dire de sottises sur les événements extérieurs, dont nous ne connaissions à peu près rien, mais que nous tournions selon nos fantaisies, toujours imaginants à notre profit, de miraculeux retournements, de providentielles interventions de la pitié, de la raison universelle. Ou bien nos conversations revenaient à des sujets plus grossiers. Janson, surtout, aimait parler de cuisine et, qui plus est, de cuisine d'avant-guerre. Il prétendait connaître des recettes savantes, et même inédites, pour préparer des plats de roi. Il expliquait comment on trousse l'omelette du Mont-St-Michel, ou comment on mijote une vraie choucroute, comme à Colmar. Et il en bavait, visiblement. Nous en bavions aussi... Mais mon meilleur souvenir concerne l'après-midi du dimanche, qui fut l'apothéose, de Lucienne Senan. J'ai écrit, déjà, que cette femme avait une verve du diable. Mais c'est trop peu dire. Elle était la vie, elle était la joie, tout simplement. Elle ruisselait de rires, de santé, de certitude. De plus, elle avait un très beau talent de conteuse et un suffisant talent de chanteuse. Je crois même me souvenir que, dans sa jeunesse, elle avait fait du théâtre, en amatrice. Or, dans l'après-midi du dimanche, elle commença à conter des histoires drôles. Elle les contait avec un accent, avec des mines impayables. Tout notre cercle, bientôt, fut tordu, convulsé de rire. Les autres, appâtés, vinrent se joindre à nous. Et la Lucienne, émoustillée par le succès, se surpassa. Elle conta des histoires et des histoires encore, elle chanta, elle dansa. Le triomphe fut l'histoire de Marius qui vient de s'embaucher aux usines Renault. Il fallut faire de la place, au centre de la salle, pour que Lucienne pût, à son aise, mimer la scène. Et elle fit un mélange de mots, de grimaces, de gestes et de gigue qui nous fit pouffer, pleurer, pâmer, étouffer de rire. Les deux F.T.P., eux-mêmes, avaient quitté leur poste, près de la porte. Ils riaient à lâcher leurs mitraillettes... Nous étions tous frères, à force de rire. Frères à nous appuyer sur les F.T.P, pour mieux rire, à les prendre par le cou, à ne plus faire, avec eux, qu'un seul tas de rire... La paix, sans doute, peut venir aussi du bas, par ces affinités vulgaires. Et Rabelais, dans son genre, doit être une espèce de pacifiste.

Deux incidents

Il s'est produit, pourtant, quelques incidents, sous ce nouveau régime. Je veux en conter deux. Le premier s'est produit dans la matinée de ce fameux dimanche qui devait si bien finir. Et il faut savoir qu'à plusieurs reprises certains prisonniers avaient demandé qu'on leur donnât la permission, les moyens d'entendre la messe. Car il y avait beaucoup de catholiques parmi nous. D'ailleurs rien ne réveille et ne revigore mieux la foi que de telles épreuves (la superstition y trouve aussi son compte, surtout chez les femmes, et je n'en, ai jamais vu qui fussent plus enragées de se faire tirer les cartes ou lire dans la main que les prisonnières de Drancy). Il faut dire encore que, même quand on est incroyant, et qu'on s'y tient, aller à la messe est une distraction très appréciable, pour des captifs. Mais, jusqu'à ce dimanche, les F.T.P. avaient refusé d'accorder cette distraction, ou cette consolation. Bien qu'en public ils tendent la main à l'Église, ils sont, en effet, très mécréants, dans le privé. Je n'ose pas dire libres penseurs, l'adjectif ne me paraissant pas convenable dans ce cas... Pourtant, après le 7 septembre, ils se radoucirent. Ils décidèrent, enfin, que le dimanche suivant la messe serait dite, dans la salle de cinéma. Ils cherchèrent, ils trouvèrent un prêtre. Et, le dimanche matin, Sonia fit l'appel pour la cérémonie. Jeanne et moi n'y sommes point allés. Ce ne sont pas nos opinions. Mais, à la dernière minute, j'ai été tout près de me raviser, de me joindre à la file. Car Sonia, quand je dis que je n'irais pas à la messe, me sourit avec faveur, et presque avec complicité. Il y avait de quoi se faire baptiser... Mais ce qu'il faut que je conte, c'est ce qui s'est passé dans la salle de cinéma, comme on me l'a rapporté. Les prisonniers catholiques reprirent donc place, sur les fauteuils, face à la scène, en attendant le prêtre. Le prêtre arriva, avec deux ou trois servants, qui portaient des accessoires et des paquets de livres. Les F.T.P. le conduisirent vers la scène, où devait être dressé l'autel. Et c'est alors qu'éclata le drame. Le prêtre porta les yeux sur le tableau noir. Il y lut le petit poème que j'ai transcrit plus haut. Il lut avec stupeur toute cette haine étalée. Et il déclara, tout net, qu'il ne célébrerait pas la messe devant ça. Mais les F.T.P. n'entendaient point, surtout devant leurs prisonniers, céder à l'Église apostolique et romaine. Ils refusèrent, aussi net, de rien effacer. Et il s'engagea tout un débat, comme entre deux civilisations. Entre la loi de force et la loi d'esprit. Entre la vengeance et la charité. Entre la parole du Christ et la consigne du capitaine Bernard. Je suis désespéré d'avoir manqué cet événement... La discussion a duré, et elle parut, un temps, sans issue. Par bonheur, il se trouva un conciliateur, qui proposa de tendre une toile sur le tableau, de façon à cacher, pendant la messe, le poème à tous les yeux. Le prêtre y consentit, et ainsi fut fait. La messe fut célébrée, et le prêtre fit un sermon de circonstance demandant aux prisonniers de pardonner à ceux qui les avaient offensés. À la fin, il y eut une distribution de livres. Ces livres ont par la suite, circulé parmi nous, et j'ai eu la chance de pouvoir en emprunter deux. Le premier était « Corps et Ames », de Van der Mersch. Et, bien que je ne sois pas médecin, je juge que c'est un beau livre, qui dissèque bien l'homme et qui met à nu tous ses ressorts, petits et grands. Le second livre était la Bible. Et, bien que je ne sois pas croyant, c'est, pour moi aussi, le Livre, où il est écrit comment l'espèce s'élève et comment elle retombe, de Christ à Judas.

L'autre incident fut moins profond, mais plus dramatique. Château, le député, coulait aux « mous » des jours assez heureux. C'était un petit homme trapu, calme, curieux de toutes choses, et qui, pour nous étonner ou parce que c'était vrai, nous disait souvent que pour rien au monde il n'aurait voulu manquer une telle expérience. Il est vrai qu'avant d'être député il avait été professeur de philosophie, et ces rêveurs sont capables de tout. Il souffrait pourtant de curieuses hémorragies rétiniennes, que la faim multipliait, si bien qu'il craignait de devenir aveugle. Mais il avait deux yeux de rechange, assez beaux, dans la personne de sa femme, qui avait été arrêtée avec lui et qui, visiblement, ne vivait qu'à le voir vivre, si tendue vers lui, si donnée à lui que c'en était une bénédiction... Le couple était confiant, car sa cause n'était pas de celles qui ne sont pas défendables.

Comme tant de pacifistes, Château avait espéré dans Montoire, en 1940. Il avait même, au début, été le collaborateur de Marcel Déat, dans le journal : « L'Œuvre ». Mais il avait, lui aussi, été refroidi par la tournure prise par la

« collaboration ». Il avait quitté Déat. Il avait même réussi à publier, dans d'autres journaux, quelques articles contre son ancien patron, contre Vichy, contre les Milices, contre la clique en place. La patience des Allemands s'était vite lassée, et ils l'avaient expulsé de la presse, très proprement. C'était, jusqu'alors, tout ce que je savais de l'histoire, qui avait, dans le temps, fait quelque bruit. Mais Château nous a conté que ses malheurs ne s'étaient point bornés à si peu. Il avait été surveillé, perquisitionné, arrêté, condamné à des peines d'amende. Il avait dû, enfin, fuir et se terrer, jusqu'à la Libération, pour échapper à la meute lancée contre lui. Or, après la Libération, il était revenu à son domicile, tranquillement. Tout philosophe et tout député qu'il était, il manquait encore de réflexion, d'expérience. Et il avait imaginé que les libérateurs le laisseraient en paix, tenant compte de ce que les Allemands lui avaient fait subir. Enfin, c'était un jeune, qui était encore à s'initier aux détours et aux mystères des hommes, et qui jugeait encore trop ses semblables d'après ce qu'il en espérait. Il faut avoir de la bouteille, comme moi, pour savoir qu'un pacifiste reçoit toujours des coups de tous les côtés. Et si Château avait eu tort, aux yeux des Allemands, de ne pas haïr les autres, il devait avoir tort, aux yeux des autres, de n'avoir pas haï les Allemands. Il a donc été arrêté par des communistes et mené à l'Institut. Mais il s'était sans doute, devant Bernard, bien défendu. Toujours est-il que, par l'effet de quelque consigne, les F.T.P., et même Sonia, le traitaient avec indulgence, avec respect. Rivier conversait volontiers avec lui. Enfin nous nous attendions à les voir, sa femme et lui, partir les premiers, et presque avec les honneurs...

Pourtant, par un bel après-midi, Marcel, revolver au poing, entra dans la salle comme un furieux. Il se précipita sur Château, lui planta son revolver dans, le dos et le fit sortir au pas accéléré, en hurlant : « Un dangereux ! C'était un dangereux, et nous l'avions mis avec les mous ! Aux dangereux ! Aux dangereux ! » Ce fut fait en un instant. Nous en étions tout stupides... Mais un F.T.P., le soir, nous a donné le mot de l'énigme. Sur un journal, qu'il nous fit voir, les communistes qui avaient arrêté Château s'étaient vantés de leur exploit. Et, à tout hasard, ils avaient, pour se donner de l'importance, présenté Château comme un collaborateur de la pire espèce, comme un intime d'Abetz, comme un agent de la Gestapo. Marcel, par malheur, était tombé sur cette prose. Or il était, de ceux qui croient tout ce qui est écrit sur le journal, quand c'est un journal du Parti. Il avait donc jugé de son devoir, sans en référer à Bernard, de faire monter Château au premier étage, avec les « durs »... Mais, en bas, il restait la femme. Et elle fut un spectacle dont je me souviens encore. Elle n'a pas crié, quand Marcel a emmené son mari. Elle est seulement devenue blanche, et comme morte. Elle est restée là, un temps qui n'en finissait pas, à ne pas croire, à ne pas comprendre, avec des yeux qui très loin fixaient l'incroyable image, pour y croire, pour la comprendre. Nous ne savions que lui dire, et nous disions des riens, comme à un enterrement. Mais elle s'est levée. Elle voulait agir. Elle voulait aller au secours de son homme. Et rien n'a pu l'arrêter. Les F.T.P., à la porte, l'ont laissée sortir, sans rien lui demander, comme, si, à la voir, ils avaient compris qu'elle avait tous les droits. Elle est allée trouver Rivier. Et l'autre a été ému. Il a dit qu'il ne comprenait pas, que personne, à sa connaissance, n'avait donné d'ordre contre Château, qu'il verrait Bernard et que Bernard, sans doute, arrangerait tout. Mais Bernard, comme à l'ordinaire, était ailleurs, avec des personnages, en conférence avec Rol-Tanguy. Et la pauvre femme est donc revenue, pour attendre. Elle était sur sa chaise, toute droite, toute muette. Tout autour d'elle, on n'osait plus rire, on n'osait plus parler. Lucienne Senan, qui avait aussi des talents de cœur, la berçait comme une toute petite. Mais rien ne pouvait empéguer cette femme de se torturer l'esprit, de rechercher ce qu'elle pourrait faire encore, de se reprocher de ne pas avoir assez fait. Elle a écrit une lettre à Bernard, pour qu'il la trouvât en rentrant, et un F.T.P. a accepté de la porter. À cinq heures, elle n'a pas pu manger. Pourtant, elle a pris son morceau de pain, et elle a demandé au sergent Maurice de le faire transmettre à son mari. Maurice a promis, mais il n'a pu tenir, car ç'aurait été contre les ordres. Et elle a continué à attendre. La nuit, surtout, a été terrible. Car ni Rivier ni Bernard, je ne sais pourquoi, n'ont donné signe de vie. Alors elle a commencé à imaginer. Elle avait, comme nous, entendu dire que, la nuit, les F.T.P. tuaient encore des « durs ». Et la nuit, comme je l'ai expliqué, on entendait de temps en temps des coups de feu à l'Institut. Elle s'est donc mis dans la tête qu'ils allaient le tuer. À chaque coup de feu, elle se dressait sur son matelas, et elle étouffait, elle agonisait. Ou bien elle allait auprès de la porte, et elle écoutait, écoutait. Au matin, elle était encore à la porte, attendant que quelqu'un vînt, de là-haut, et qu'il dit s'il vivait. Quand elle a su qu'il était toujours aux « durs », elle a cherché le moyen de le voir. Et elle a réussi. Elle a demandé à se joindre à une corvée qui allait balayer les couloirs, au premier étage. Quand Château est sorti, pour aller aux W.-C., elle était là. Avec son balai. Avec ses yeux immenses. Je me demande quelle force aurait pu l'empêcher d'être là... Et tout cela, par bonheur, a bien fini. Le capitaine Bernard, enfin alerté, a sans doute jugé que Marcel avait exagéré. Mais, comme on sait, jamais un communiste ne désavoue, publiquement, un autre communiste. Il ne pouvait donc être question de faire redescendre Château aux « mous ». Aussi Bernard a-t-il pensé à une solution élégante. Il a fait, dès midi, partir Château et sa femme, pour les remettre à la police. Je les ai retrouvés, quelques jours après, au camp de Drancy, l'une cherchant l'autre, du matin au soir, éternellement...

Délivrances

Mais me voici presque au bout, maintenant. Car les départs commençaient. L'Hévéder... Les Château... D'autres ont suivi. Il en partait, chaque jour, une dizaine à une vingtaine, dans deux automobiles. Les « durs », à ce qu'on disait, étaient emmenés à Fresnes, au Dépôt, où dans d'autres prisons. Et ils partaient, le plus souvent, à la nuit tombée. Les « mous » partaient plutôt dans la matinée. Mais ils n'étaient point, expliqua Rivier, libérés aussitôt. On les emmenait au commissariat de leur quartier, qui les libérait lui-même, après de dernières formalités. Jeanne et moi, nous sommes partis le 13. Ça s'est très vite passé. Un F.T.P. est venu nous appeler, vers onze heures. Nous avons eu seulement à rouler nos couvertures, à serrer des mains fraternelles, tout autour, à promettre à un tel ou un tel que nous les reverrions. Et nous avons quitté la bibliothèque, à tout jamais. Les couloirs encore, une dernière fois. Le vestibule encore, et Rivier, tout heureux, tout triomphant, et le clerc de notaire, et la dactylographe d'espèce molle, et leurs mains serrées, une dernière fois. Puis nous nous sommes trouvés dans la rue, devant l'automobile qui nous attendait. C'était trop simple. Et je trouvai drôle que rien, dans le monde, ne parût changé, après tous ces siècles. L'Institut, de dehors, était le même, tout droit et neuf dans le ciel, avec ses briques rouges. Le ciel était bleu, comme il sait être bleu. La rue était aussi bête qu'avant. Et les passants étaient comme les passants de toujours, qui vont leur train, sans se retourner vers le malheur ou le bonheur des autres... Ohé ! tous, qu'est-ce que vous avez donc à être si mornes et si pareils, et que ne chantez-vous, que ne bondissez-vous, que ne vous ébaudissez-vous, quand on vient de libérer des hommes ?

CHAPITRE IX

LE CAMP DE DRANCY

COMMISSARIATS

À vrai dire, quelqu'un qui se serait ainsi époumoné et déhanché, ce 13 septembre, pour fêter notre délivrance, aurait pris bien de la peine beaucoup trop tôt. Les F.T.P. nous avaient fait un petit mensonge. Et ils ne nous menaient point vers la liberté. Ils allaient, tout simplement, nous remettre à la police, pour qu'elle nous envoyât dans un camp de concentration, en attendant mieux. Car telle a été la procédure. Le gouvernement n'a point voulu désobliger les F.T.P. et autres F.F.I. en libérant trop vite les dizaines de milliers d'innocents qu'ils avaient arrêtés au hasard. Comprenez, en effet, que renvoyer trop tôt un innocent chez lui, ç'aurait été mettre en mauvaise posture les F.T.P. du coin. L'innocent aurait pu dire : « Ah ! vous voyez, dès que j'ai eu affaire à la police officielle, elle a reconnu que vous m'aviez accusé, arrêté, torturé à tort. Et la preuve, c'est que me revoici ! » Ç'aurait été bien désagréable, pour la cellule du quartier. Ça lui aurait même porté préjudice... Aussi le gouvernement a-t-il décidé d'envoyer en bloc toute la clientèle des bagnes privés dans des camps de concentration, où innocents et coupables ont attendu, pendant des semaines et des mois, la décision des Commissions de Triage, qui opéraient avec une lenteur et une pondération jupitériennes. Du coup, l'innocent n'a pas eu si bonne mine, au retour. Et ce sont les F.T.P. du coin qui ont pu ricaner et dire : « Ah ! tu vois, tu n'étais pas si innocent !... La preuve, c'est qu'il t'a fallu tout ce temps pour en sortir. »

Jeanne et moi, nous sommes donc tombés de haut quand, au commissariat où les F.T.P. nous avaient déposés, un fonctionnaire las et désabusé nous a appris qu'il nous inscrivait pour le prochain départ au camp de Drancy. Je n'ai pourtant pas le souvenir d'avoir protesté. J'étais trop accoutumé, déjà, aux aventures et trop satisfait, à tout prendre, d'être au moins délivré des F.T.P. Mais ce n'est que le 15 que nous avons été transportés à Drancy. On nous a, pendant deux jours, traînés de commissariat en commissariat, au hasard des ordres et des contre-ordres. Un matin, j'ai même traversé mon quartier le poignet pris dans une menotte dont l'autre bout était tenu par un sergent de ville assez bonhomme, mais qui prenait les précautions réglementaires. Jeanne, qui trottinait à ma gauche, s'en est indignée. Elle a eu honte, dit-elle, pour moi. Mais elle a bien été la seule. Aucun homme, ni même tous les hommes ensemble ne pourraient me faire honte, du dehors, quand je n'ai pas honte, du dedans. Quant aux commissariats où nous avons vécu ces deux jours, ils étaient comme tous les commissariats du monde, et j'aurais pu, dans ma cellule, imaginer que j'étais un de ces ivrognes qu'on garde une nuit au « violon » et qui s'en vont au matin. Le malheur est que nous avons été séparés, et j'ai conté, ailleurs, combien Jeanne en a souffert. Mais nous pouvions nous voir, à travers un couloir, d'une cellule à l'autre, et Jeanne exigeait, sans cesse, que je vinsse m'accrocher aux barreaux de ma porte, de façon qu'elle pût me voir, d'en face, elle aussi accrochée à ses barreaux, Un autre inconvénient était que, dans les commissariats, on ne donnait pas à manger. Il n'en est pas besoin, d'ordinaire, puisque, d'après la loi, on ne doit garder personne dans un commissariat plus de vingt-quatre heures. Mais nous y avons pourtant passé deux jours, sans manger. Et d'autres y ont, aux premiers jours de la Libération, crevé de faim pendant une semaine... Comme en compensation, Jeanne avait des distractions, des visites. Dans la soirée, on enfermait dans sa cellule les filles de joie qui avaient été cueillies sur les trottoirs. Et c'étaient de bonnes filles, pour la plupart, indulgentes, compatissantes, comme qui connaît les dessous de l'homme. Un soir, Jeanne leur a conté que je n'avais plus de cigarettes, et que j'en souffrais. Alors elles ont fait comme une collecte. Elles m'ont préparé dix cigarettes et des allumettes, que deux d'entre elles, quand on est venu les chercher, m'ont jetées, en passant, à travers mes barreaux. Mais celle qui avait charge des allumettes les a malencontreusement jetées dans les latrines qui occupaient le, coin de ma cellule. J'ai donc eu des cigarettes et n'ai pu les allumer. Mais c'étaient de bonnes filles, tout de même.

Enfin on nous a fait monter, un matin, dans un autobus qui s'est peu à peu chargé en route, de commissariat en commissariat. C'était un des autobus de la S. T. C. B. P., comme il en circule des centaines, d'ordinaire, à travers Paris. Et il présentait des avantages. Car, à la fin d'août, il s'est produit des scènes atroces autour des « paniers à salade » de la police. La foule les reconnaissait, se pressait autour, hurlait à la mort, réclamait du sang. À l'entrée du Vélodrome d'Hiver, qui était devenu, à l'époque, une gigantesque prison, la police a, un jour, laissé une de ces voitures sans surveillance, pendant une demi-heure, avec son chargement de misérables. Et l'un d'eux m'a conté que, frénétiquement, les badauds avaient cherché, pendant tout ce temps, un moyen de les atteindre, crachant, jetant des pierres. Une femme poussait son ombrelle à travers le grillage. Un homme a cassé le piston de sa pompe à bicyclette, pour avoir un instrument de fer qui pût blesser. Et quand la police, par bonheur, est revenue, deux ou trois furieux s'occupaient à mettre le feu à la voiture... Nous étions donc beaucoup mieux dans notre autobus, qui passait inaperçu. Nous y étions comme incognito. À la porte des commissariats devant lesquels nous nous arrêtions pour prendre du monde, à peine quelques curieux venaient-ils nous dévisager, et ils se taisaient, étant en trop petit nombre pour s'échauffer assez. Enfin ces autobus chargés de prisonniers avaient si bonne apparence qu'au début de septembre un étourdi, à un arrêt, est monté dans l'un d'eux, imaginant qu'il servait au transport des hommes libres, Personne ne l'a averti. Il a dû lire son journal, tout simplement. Et il ne s'est aperçu de son erreur qu'en entrant au camp de Drancy. Alors il s'est exclamé, il s'est expliqué, il s'est excusé. Mais rien n'y a fait. Il était dans la trappe, comme les autres. Qu'il n'y ait pas eu de mandat contre lui, ni de dossier sur son cas, n'avait pas d'importance. Car il en était ainsi pour la plupart des autres. Il a donc été interné avec les autres, pendant quelques semaines, et interrogé, et retourné sur le gril. Il en était tout ahuri. C'était une des célébrités du camp... Quant à nous, ce 15 septembre, nous refaisions le chemin qu'il avait déjà fait, à travers la banlieue laide et morne. Je me demandais ce que serait le camp et j'imaginais, d'après le nom, je ne sais quels baraquements de bois, entre des barbelés. Mais, après un tournant, ce furent des bâtiments énormes qui m'apparurent. Des casernes encore mal équarries qu'on construisait, avant la guerre, pour y loger quelques compagnies de gendarmes et qui n'ont servi, jusqu'ici, que de prison, tantôt pour des juifs, tantôt pour des goym.

L'autobus entra dans une vaste cour, entre trois corps de bâtiments à trois étages, qui béaient par des centaines de fenêtres. Des hommes rôdaient. Un haut-parleur nasillait. Nous étions au camp de Drancy.

AUTRES TORTURES

Mère des pauvres bougres, priez pour nous, Mère des méchants, priez pour nous,

Mère des exaltés sans méchanceté, mère des arrêtés sans motif, mère des arrêtés pour peu de motifs, mère des arrêtés avec motif, mère des affamés, mère des sans-colis, mère de ceux qui mendient une croûte de pain,
Notre-Dame des quatre cents femmes tondues,
Notre-Dame des femmes tondues sans nul motif,
Notre-Dame des poils brûlés an briquet,
Notre-Dame des bougies dans le cul,
Mère des femmes promenées à poil,
Notre-Dame des seins mutilés,
Notre-Dame du nerf de bœuf,
Notre-Dame du passage à tabac,
Notre-Dame des poignets tordus,
Notre-Dame des courses à quatre pattes,
Notre-Dame des faces pâlies,
Notre-Dame des faces sans sourire,
Notre-Dame des vêtements fripés,
Notre-Dame des femmes sans poésie,
Notre-Dame des hommes sans allure,
Notre-Dame des lunettes cassées,
Notre-Dame des lunettes perdues, Mère des aveugles,
Notre-Dame des maladies sans médicaments,

Notre-Dame des plaies sans pansements,
Notre-Dame des côtes en long,
Notre-Dame des reins endoloris,
Mère des perclus, Mère des tousseurs,
Notre-Dame des diarrhées,
Notre-Dame des coliques,
Notre- Dame des punaises,
Notre-Dame des poux,
Notre-Dame de la gratte,
Notre-Dame de la crasse gluante,
Notre-Dame des choux mal cuits,
Notre-Dame de l'insomnie dans la grande chambrée,
Notre-Dame des clientèles dispersées,
Notre- Dame des situations perdues,
Notre-Dame des ruinés sans motif,
Mère de ceux qui ont été pillés,
Notre-Dame des femmes violées,
Notre-Dame des femmes plusieurs fois violées,
Notre-Dame de la fillette violée,
Notre- Dame des femmes marquées au fer rouge,
Notre-Dame du manchot qu'on a mutilé,
Notre-Dame des crachats en plein visage,
Notre-Dame des dents cassées,
Notre-Dame des souvenirs qui ont perdu leur charme,
Notre-Dame de la vengeance,
Notre-Dame des deux voyeuses,
Notre-Dame du capitaine... à l'uniforme trop neuf,
Notre-Dame du sermon aux injures,
Notre-Dame de la plèbe déchaînée,
Mère des gamins féroces,
Mère des détenus et, aussi, Mère des F.F.I.,
Mère des gendarmes placides,
Notre-Dame du phare dans la nuit sur le camp,

Notre-Dame, Notre Mère,
Donnez-nous la patience pendant la détention,
Donnez-nous le courage si nous allons au poteau,
Faites que nous gardions le souvenir de tout ceci sans l'exagérer,
Faites que nous ne laissions pas transparaître notre rancœur,
Faites que nous ne soyons pas dévorés du désir de vengeance,
Faites qu'on ne nous parle plus de progrès moral,
Faites qu'on ne nous parle plus d'une humanité meilleure,
Faites qu'on ne nous parle plus d'humanité, tout court.

Je m'excuse d'une si longue citation. Car ce n'est qu'une citation. Je ne suis pas devenu poète, tout d'un coup. Je n'ai fait que transcrire les « Litanies de Notre-Dame de Drancy » qu'un détenu a rédigées, dans la « nuit du 19 au 20 septembre, », et qui, copiées et recopiées, ont couru dans tout le camp. Et je les ai transcrites parce qu'elles font, à grands traits, revivre l'atmosphère du camp et tous ses incidents. Je pourrais écrire presque tout un livre en commentant, ligne par ligne, ces « Litanies », en contant, par exemple, l'histoire « des bougies dans le cul », et celle « des courses à quatre pattes », et celle « du manchot qu'on a mutilé », et celle « du sermon aux injures », et les autres, et d'autres en plus. Mais je n'ai pas pour dessein de me faire l'historien de Drancy. L'histoire, d'ailleurs, court les rues, depuis que tant de journaux l'ont écrite avec des mensonges, et depuis que dix ou quinze mille prisonniers, maintenant libérés, l'ont rétablie dans sa pitoyable et morne vérité. Il faut dire aussi que Drancy ne fut qu'un camp entre autres, entre tous les autres que les Allemands avaient ouverts et que les Français n'ont point fermés. Tant de mes concitoyens, par centaines de milliers, ont vécu dans ces camps que j'imagine volontiers qu'il n'est plus personne qui ne les con- naisse, à l'exception de quelques pauvres hères si ternes, si stupides ou si terrorisés, que nul ne les a jugés assez pensants pour mériter l'internement. Je m'excuse d'une telle imagination auprès des gens d'esprit qui, par hasard, n'auraient pas encore eu, dans un camp de concentration, la place qui leur revenait par droit. Qu'ils se consolent ! L'époque est telle qu'elle leur rendra bien justice, un jour ou l'autre.

Pourtant, il faut que, du camp de Drancy, je rapporte au moins quelques faits. Si je ne le faisais pas, je serais injuste à l'égard des F.T.P. de l'Institut Dentaire. J'ai, en effet, conté comment ils torturaient, combien ils torturaient. Et il serait injuste de ne pas indiquer qu'ils n'ont pas été les seuls à torturer. Certes, je crois qu'ils ont été inégalables dans cet art. Mais il n'en est pas moins vrai que beaucoup des prisonniers qu'on amenait à Drancy, le corps en sang, avaient été torturés ailleurs qu'à l'Institut. Il est vrai, aussi, qu'on a torturé sur place, à Drancy, du temps où les F.F.I. avaient la garde du camp, et même après, par exemple dans les locaux disciplinaires où certains inspecteurs de police poussaient les interrogatoires un peu loin. Sur toutes ces tortures, j'ai le bonheur d'avoir la copie d'un document officiel. C'est le rapport qui, à la demande de M. Duhamel, délégué du ministre de la Santé publique, a été établi sur les « cas de sévices » par un médecin de l'infirmerie du camp. Ce rapport est de dix pages, et il porte sur quarante-neuf « cas ». Il décrit seulement l'état des torturés qui étaient si mal en point que les autorités médicales ont dû intervenir pour recoudre, pour soigner, entre le milieu de septembre et le milieu de novembre. Il est donc muet sur les centaines de torturés qui s'étaient guéris tout seuls, qui n'ont pas eu affaire à l'infirmerie, ou bien qui y ont été soignés avant le milieu de septembre. Enfin il ne porte que sur quelques

« cas » choisis. Il est pourtant trop long pour que je le transcrive tout entier, et je choisirai donc moi aussi, ne retenant que les « cas » qui peuvent le mieux donner une idée des sommets de férocité ingénieuse où s'est portée la Libération.

Et voici, décrites avec la sécheresse télégraphique du style médical, les tortures qu'avaient subies quelques prisonniers, avant d'être amenés au camp.

PARMENTIER (fille).

Date : la nuit du 2 au 3 octobre.

Lieu : un poste des Milices patriotiques.

S'est présentée à la visite le 8 octobre. Elle était fiancée d'un officier allemand. Elle a été arrêtée le 2 octobre. Dans la nuit du 2 au 3, elle a été passée à tabac (30 coups de lanière de cuir, dont traces ecchymotiques rubannées), giflée (dont ecchymoses au niveau du maxillaire droit), et on lui a piqué les mollets à coups de pointes de baïonnettes, (20 plaies étoilées sur un fond ecchymotique étendu à toute la face postérieure du mollet). Le lieutenant des Milices patriotiques lui a promis de témoigner pour elle, si elle portait plainte contre ses subordonnés.

Le 13 octobre, le tapis ecchymotique persiste.

NICOLET (femme).

Date : 19 septembre.

Lieu : poste des Milices patriotiques d'Auteuil.

Électrisation vaginale et rectale prolongée avec une magnéto. Brûlure de la plante d'un pied.

JEAN (Charles).

Date : 23 août.

Lieu : Dépôt,

Sévices exercés par un de ses anciens ouvriers venu pour l'interroger. Frappé à coups de barre de fer sur les épaules, les bras, la tête. Très nombreuses cicatrices existantes et récentes. Anesthésie du pouce et de l'index droits. On lui a fait sauter 5 dents de la mâchoire supérieure à coups de pieds. Céphalées persistantes.

PRUSS (fille).

Date : du17 septembre au 23.

Lieu : commissariat de la Plaine Monceau.

Battue à coups de barre de fer sur le corps. Coups de poing sur la face avec symptômes méningitiques. Cheveux arrachés, plaies du cuir chevelu. Tentative d'arrachage d'ongles.

CLAIR (Roger).

Date : 16 septembre.

Lieu : Villa Saïd.

Coups de poing sur l'abdomen. Ingestion de quatre litres d'eau salée.

FLANDINETTO (femme).

Date : 26 août.

Lieu : près place Saint-Michel. F.F.I.

Marquée au fer rouge sur le front, dont cicatrice à tendance chéloïdienne. Coupé les cheveux, au cours d'un lynchage par la foule. Coups imposants au membre supérieur gauche et flanc droit. Menacée de lui couper les bouts de seins.

GUILLARD (femme).

Date : 13 octobre.

Lieu : F.F.I., rue de Grammont, dans un hôtel.

Coups de poing sur la face (dont masque ecchymotique total). Coups de pied dans les reins. Des femmes qui l'accusaient ont tenté de l'étrangler ; elle en conserve de la dysphagie. Un fort hématome sous-périosté à la partie inférieure du pariétal gauche. Bras tordus. Cheveux coupés partiellement.

BRILLAUD (femme).

Dates : 21 août (première fois). 26 août (deuxième fois).

2 septembre (troisième fois).

Lieu : place de l'Hôtel-de-Ville et toute la rue de Rivoli, boulevard Sébastopol.

A eu les menottes pendant plusieurs jours. Mise à nu, pieds nus (fragments de verre dans les pieds). Coups de crosse de fusil sur les reins et membres inférieurs (hématurie pendant 5 jours). 2 coups de rasoir au poignet, dont cicatrices linéaires chéloïdiennes, ce 25 octobre, qui sont douloureuses et pour lesquelles elle vient consulter.

ISCOLI.

Date : 17 octobre.

Lieu : Milices patriotiques de Saint-Mandé.

Coups de pied, gifles, coups de cravache. On lui fait sauter les incisives supérieures.

Date : 19 et 20 octobre. Lieu : Villa Saïd.

Toutes les 20 minutes, nerf de bœuf ou coups de poing face, tronc, face externe du bras (dont importantes ecchymoses persistantes), creux de l'estomac (en souffrirait encore). Pseudo-pendaison dont il reste un cordon douloureux à la nuque.

AMCHAT.

Date : 10 octobre.

Lieu : Fort de Bicêtre.

Coups de pied sur tout le corps (reste une induration des fesses) et, surtout, brûlures à la cigarette : sept brûlures comme pièces de 0 f r. 50 en cicatrisation sous-cutanée à la région scapulaire gauche et les plus étendues, plus profondes et suppurantes, à la région scapulaire droite.

CHAUDRE (femme).

Date : 25 août.

Lieu : Commissariat du 18° arrondissement.

On lui rase la tête et le pubis. Coups de poing sur la figure. Une estafilade au rasoir sur la face antérieure du thorax à droite. Coups de casque sur la tête, sur les doigts (le médius droit est encore douloureux fin octobre, mais la radio ne montre rien). L'ongle de l'annulaire gauche est en voie de repousse.

Le GUEN (Julien).

Date : 21 août.

Lieu : Vélodrome d'Hiver.

Passage à tabac à l'entrée du Vél. d'Hiv. Coups de poing figure, coups de matraque sur la nuque. Il chancelle. Coups de pied au ventre. On le piétine. Un hématome de la cuisse droite et un hématome du côté gauche du ventre pendant trois semaines. Reste à l'infirmerie jusqu'au 28 septembre. Séjour à l'Hôtel Dieu, à la salle Saint-Landry. Ponction lombaire et examen neurologique approfondi par Garcin qui parle de lésions rachidiennes.

Mais c'en est assez, il me semble, pour établir que, dans tout Paris, les F.F.I., les Milices Patriotiques, la force publique et la « justice du peuple » ont été à la hauteur de leur tâche. J'ajoute seulement quelques « cas » qui feront comprendre comment, à Drancy même, dans les Commissions de Triage chargées de discriminer innocents et coupables, quelques policiers zélés s'entendaient à provoquer les aveux spontanés.

BOUXINS.

Date : 12 *octobre.*

Lieu : Commission 20 à Drancy, lors d'interrogatoire.

Traîné par les cheveux. Coups de pied et gifles. Contusion de l'œil gauche, pariétal et temporal criblés d'hématomes sous-périostés.

BURTAIN.

Date : 9 au 10 septembre.

Lieu : locaux disciplinaires de Drancy (2 séances par F.F.I. et 1 par un sergent de ville). Coups de poing. Coups de pied ventre et poitrine. Coups de matraque sur la tête. Coups de tabouret (jeu de massacre). Coups de crosse au menton (cicatrice). Crachat dans la bouche. Reste endolori en particulier au niveau du crâne.

DEMAY

Date : nuit du 2 au 3 septembre.

Lieu : locaux disciplinaires de Drancy.

Coups de poing sur la face. 30 coups de nerf de bœuf sur le dos.

KERN (Lucien).

Date : 6 octobre.

Lieu : inspecteur de la Commission aux locaux disciplinaires. À genoux sur une règle, pendant très longtemps (dont plaie linéaire). Coups de poing sur la figure. Coups de règle sur les oreilles, 3 formidables ecchymoses sur région abdominale antérieure, dont une à la région inguinale. Grosse ecchymose sur bras gauche.

FABRE (Louis).

Date : 2 septembre.

Lieu : locaux disciplinaires. Coups de nerf de bœuf et boxé.

Date : 9 septembre.

Lieu : locaux disciplinaires.

Coups de crosse au front. Coups de pied aux bourses (15 jours d'infirmerie).

FAUCON (femme).

Date : 2 novembre.

Lieu : Commission 30 à Drancy.

Femme ayant eu un enfoncement du pariétal et une trépanoponcture d'une part, une otite double en août d'autre part. A reçu cet après-midi des coups de poing sur le sommet du crâne et sur les oreilles, des coups de règle, neuf gifles. Comme elle ne pleurait pas, on lui a tordu le nez. On lui a adressé les pires menaces pour sa comparution du lendemain.

Le 3 novembre, se plaint de son pariétal gauche et d'autre part d'une douleur en éventail de l'émergence du maxillaire supérieur.

Je ne sais ce que M. Duhamel et le ministre ont pensé de ce rapport, ni quelles conclusions ils en ont tirées en ce qui concerne la Santé Publique ou en ce qui concerne la santé morale de la nation. Mais nous avons su, à Drancy, quelles conclusions d'autres en ont tirées. Car, à deux reprises, des délégations américaines sont venues pour visiter le camp. Elles ont voulu tout voir. Elles ont vu, à l'infirmerie, les torturés, les torturées qu'on y soignait. Ensuite, elles ont interrogé des prisonniers, elles leur ont parlé librement. Et j'ai entendu une Américaine qui, au sortir de l'infirmerie, disait : « C'est une grande honte. C'est pareil aux Allemands. » Maintenant, quand je lis sur certains journaux que les États-Unis font la part trop belle à l'Allemagne, qu'ils lui donnent plus qu'à la France, et autres criailleries de mendiants éhontés, je me souviens de cette Américaine. J'imagine qu'elle est revenue dans son pays. Je la vois qui chuchote des choses à ses amies, des choses qui se redisent, qui courent de bouche à bouche, qui s'enflent et qui s'étalent. Et, finalement, je crois entendre comme une grande voix, qui vient de partout, et que seuls certains journaux, à Paris, semblent n'avoir pas entendue : « C'est pareil aux Allemands !... C'est pareil aux Allemands !... »

LES F.T.P. RÔDENT

À vrai dire, nous avions la chance, Jeanne et moi, de n'arriver à Drancy qu'après le pire. La garde du camp, depuis peu, avait été retirée aux F.F.I. et confiée à des gendarmes, à de braves gendarmes qui faisaient leur métier, sans plus. Aussi n'avons-nous pas assisté aux « courses à quatre pattes » ni aux reptations qui étaient, dans les débuts, la distraction que les F.F.I. offraient volontiers à certains prisonniers, en particulier les jours de pluie. Ni à d'autres joyeusetés semblables. De notre temps, n'étaient à craindre que les inspecteurs des Com- missions qui avaient parfois la main leste, la matraque facile. Mais ils n'exerçaient guère leurs talents que sur les « durs ». Encore fallait-il que ces « durs » fussent de pauvres bougres, car, devant des « personnalités », si noire que fût leur réputation, comme devant un ministre de Pétain, devant un journaliste connu ou devant Sacha Guitry, toute la Commission aux gros poings devenait timide et déférente, par crainte d'un retour dans les choses d'ici-bas.

Pourtant, le camp souffrait d'une sourde angoisse, qui ne s'est jamais complètement dissipée. Car, du dehors, les communistes, les F.T.P. faisaient autour de nous une ronde de menace et de haine. « L'Humanité », « Le Franc-Tireur » et tous les journaux apparentés ne cessaient d'ameuter le public. Ils faisaient entre eux surenchère de mensonges savants, pour se donner l'air de justiciers incorruptibles. Et ils contaient que le camp de Drancy était un oasis de délices, un banquet débordant de bombances, une maison de santé pour millionnaires, le dernier salon où l'on « *cause* ». D'autre part, la commune de Drancy, qui est un fief rouge, s'arrogeait des droits sur le camp, comme propriétaire du sol, et l'adjoint au maire y trouvait prétexte à faire de fréquentes visites, à tout inspecter, à faire le procès des incroyables indulgences dont nous aurions, à son jugement, été les très indignes bénéficiaires. Toutes ces rumeurs, toutes ces critiques tenaient la direction du camp dans un état de pénible palpitation, dont les conséquences rebondissaient sur nous. Le directeur était un fonctionnaire des plus inquiets, des plus trembleurs qui se pussent voir, Il se nommait Poisson ou Goujon. Mes souvenirs, sur ce point, sont confus, tant nous avions coutume, dans notre chambrée, de lui donner toutes sortes d'appellations pisciformes, que nous changions d'après son humeur, Il était, en effet, l'animal le plus pacifique et le plus dormant, quand l'adjoint au maire et les journaux paraissaient nous oublier. Il se faisait, alors, bonhomme et confidentiel. Il aimait à se rendre au bloc III, où logeaient les « personnalités », et à converser avec les ministres, avec les députés, avec les écrivains, avec les Importances internées. Il leur ouvrait son cœur. Il ne niait pas qu'il se commît bien des excès, bien des injustices. Il prenait des postures de bienveillance, de sympathie, voire d'amitié respectueuse. Mais si quelque article venait à lui faire peur, à le faire trembler pour sa place, il devenait soudain féroce, comme brochet en décembre. Il rédigeait et faisait apposer dans tous les coins des circulaires comminatoires qui, sous peine de sanctions impitoyables, nous interdisaient de fumer dans les chambrées, d'y faire du feu, de rester couchés après l'heure, de faire passer des lettres au dehors, ou de converser avec des femmes, y compris les nôtres. Quitte à revenir au bloc III, quelques jours plus tard, et à s'excuser auprès des personnalités, en alléguant la dureté des temps et la nécessité, par pure politique, de combiner une sévérité apparente avec une tolérance réelle...

Parfois, les communistes ne se contentaient pas d'ameuter contre nous la direction du camp. L'envie les reprenait de mettre eux-mêmes la main à la pâte. Et les F.T.P. de Drancy (qui, selon la mode, s'étaient changés en Milices Patriotiques) revenaient sans cesse rôder autour du camp, traînant des armes hétéroclites, criant des insultes, gesticulant des menaces. Il leur arrivait même de passer à l'action. Ils ont, à plusieurs reprises, saisi les colis que des parents, des amis apportaient pour nous, de pauvres colis qui souvent représentaient le dernier argent et dont nous attendions de quoi n'avoir plus si faim. Quand, pour éviter de semblables incidents, la Croix-Rouge a été chargée de rassembler et de transporter tous les colis, ils ont, un jour, assailli et pillé sa camionnette, et ils s'en sont partagé le contenu, fraternellement. Mais leur principal souci était de faire obstacle à nos moyens télégraphiques. Il faut dire, en effet, que derrière, le bloc III de grands balcons s'étalaient devant la porte des chambrées. Et, de ces balcons, nous pouvions, par-dessus des champs, voir une grande route, à cent ou cent cinquante mètres. Cette disposition des lieux nous permettait d'apercevoir, dans l'éloignement, des parents, des amis, de leur faire des gestes, de nous rassurer sur leur existence, sur leur santé, sur leur fidélité. Jacques a fait mille allées et venues, sur cette route, jusqu'au bienheureux jour où j'ai revu sa petite silhouette, ses gestes grêles, ses baisers envoyés du bout des doigts, par-dessus les barbelés... C'étaient d'étranges tête-à-tête, le prisonnier se cachant dans l'embrasure d'une porte, pour ne pas être vu des gendarmes, qui rôdaient par-dessous les balcons, et l'autre, le fils, la femme ou l'ami, se cachant derrière un arbre, pour ne pas être surpris par les F.T.P., qui rôdaient sur la route. Car les F.T.P. faisaient la chasse à ces promeneurs timides et gesticulants. Ils les insultaient. Ils les menaçaient.

Ils les conduisaient, au bout de leurs fusils, jusqu'à des distances où les chères silhouettes se rapetissaient, devenaient indistinctes, à nouveau perdues. Parfois même, ils emmenaient et gardaient au poste les récidivistes... Mais c'est un dimanche, surtout, qu'ils nous ont fait peur. Ils avaient dû s'échauffer dans un meeting ou dans des cabarets. Dans l'après-midi, ils sont venus en nombre, chantant « l'Internationale » et criant qu'ils voulaient notre peau. Il a fallu que la direction doublât le nombre des gendarmes, qu'elle les armât de mitraillettes, qu'elle les postât aux points stratégiques. Jusqu'à minuit, le camp a été en état de siège, cerné par des bandes qui passaient et repassaient, sur la route, dans les champs, cherchant une entrée pour la « justice du peuple ». Et nous étions là, nous demandant que faire s'ils entraient. Certains parlaient de se défendre, de dépecer quelques lits de fer qui se trouvaient au bloc III, pour en faire des armes.

Pourtant, c'est d'un communiste que nous est venue, un matin, une bondissante, une bouleversante joie. Thorez venait d'être amnistié !... Et la nouvelle, aussitôt, agita, souleva tout le camp. On s'accostait, on se congratulait, on s'embrassait presque, dans la grande cour. Je ne suis pas sûr que les communistes eux-mêmes se soient autant réjouis, au Siège Central, dans la rue de Châteaudun... Et nous étions près de sept mille, d'un coup, à délirer comme ça. Car c'est merveille comme les prisonniers croient encore à la justice. Dans une période comme la nôtre, ils sont, les derniers qui y croient. Et nous imaginions donc que l'amnistie de Thorez n'était qu'un commencement. « Tout de même, disait un milicien, j'en ai fait moins que lui. J'ai fait toute la guerre, moi. Je n'ai pas déserté. Je me suis battu tant qu'il y a eu des munitions. J'ai été blessé. J'ai même eu une citation. Tenez, la voici. Ce n'est pas possible, maintenant, qu'on ne m'amnistie pas, moi aussi. » « Moi, disait un profiteur, j'ai fait un peu de commerce avec les Allemands. C'est entendu. Il fallait bien vivre… Mais, bon Dieu, c'était après l'armistice ! C'était légal, c'était approuvé par le gouvernement. Je n'ai pas pris la défense des Allemands pendant la guerre, moi. Je n'ai pas voyagé dans leur pays pendant qu'ils canonnaient nos petits gars sur le Rhin. Ah ! ce serait trop fort, maintenant, qu'on ne me libérât point ! » « Et moi, disait un journaliste, ils n'ont qu'à comparer les articles que j'ai écrits après l'armistice aux discours que Thorez a faits pendant la guerre… Je suis bien tranquille, maintenant. » Une fille de joie eut même ce mot féroce : « Moi, je leur ai au moins foutu la vérole, aux Allemands ! Thorez n'en a pas fait autant ! » Enfin ces comparaisons nous disposaient à l'espoir. L'ex-ministre et doyen Ripert était pourtant très entouré. On voulait qu'il dit le droit. Et le savant homme hésitait un peu, Il convint, sans se compromettre, que qui amnistie le plus devrait amnistier le moins. Mais il manquait de textes, de documents sur ce point. Peut-être aussi devinait-il, confusément, que tous les textes, que tous les documents, que la justice et le droit, ne sont que fumée et feuilles mortes, au vent de haine et de révolution. En tout cas, on n'a amnistié que Thorez, lequel, bientôt, est devenu ministre. Sur les sept mille que nous étions, il en est quelques centaines qui attendent encore la suite, au bagne ou dans les prisons. Mais j'imagine très bien qu'au Conseil des Ministres, quand on a envisagé la possibilité d'une amnistie étendue, Thorez, avec l'impudeur de sa secte, a dû s'indigner, faire des phrases, et refuser au nom de nos martyrs, au nom de nos soldats…

La Cour des Miracles

Nous avons, Jeanne et moi, vécu sans histoire, dans ce camp. C'était tout de même, par comparaison avec l'Institut, comme un paradis. La nourriture y était plus copieuse, bien qu'elle fût encore insuffisante, et souvent peu ragoûtante. Une soupe où nageaient de rares lambeaux de choux, de navets, de carottes. Une ration de pain mal cuit, et souvent comme boueux au milieu, mais en quantité trois ou quatre fois supérieure à la bouchée de pain qui nous était allouée par les F.T.P. D'ailleurs, les parents, les amis pouvaient, toutes les quinzaines, nous envoyer un colis de vivres, du poids de cinq kilogrammes. Ces colis, surtout, m'ont sauvé, d'autant plus que Jeanne m'en laissait la plus grosse part, sous le prétexte mensonger que d'autres femmes, dans sa chambrée, lui faisaient part de leurs excédents... Au total, nous étions tout juste un peu plus mal que les Juifs qui nous avaient précédés. Ainsi en jugeaient du moins les gendarmes qui avaient gardé les Juifs, sous les Allemands, avant de nous garder. Ils contaient que les Juifs obtenaient des permissions de sortie, qu'ils avaient le droit de se chauffer, de faire venir des provisions, du matériel. Les rares meubles, les matelas qui se trouvaient encore au bloc III étaient un héritage des Juifs. Il est vrai que beaucoup de Juifs n'ont fait que passer au camp, et qu'ils sont partis bientôt vers l'Allemagne, vers la Pologne, vers les camps d'extermination. Mais beaucoup d'entre nous n'ont fait aussi que passer et sont partis vers le poteau, vers les travaux forcés. Ceci, paraît-il, compense et paie cela.

La population du camp composait une étrange cour des Miracles. La promiscuité, la crasse, les poux, les punaises, la faim, la peur travaillaient à grignoter les anciennes différences. Chez les hommes, il revenait vite une grossière camaraderie de caserne qui, aux jours de soleil mélangeait toutes les conditions, dans le bourdonnement énorme des pas et des mots qui tournaient autour de la grande cour, inlassablement. L'escarpe, le souteneur se mêlaient très bien au groupe où conversaient le ministre Ripert ou le général Herbillon. Pourtant, la plupart des ministres, députés, préfets, hauts fonctionnaires, chefs syndicaux, écrivains, journalistes avaient été logés à part, au bloc III, où ils avaient la jouissance de quelques paillasses, dans des chambrées moins vastes et comme plus intimes. La direction, par je ne sais quelle coutume de servilité ancestrale, n'avait pu se tenir de marquer une différence entre les classes... Mais, sans doute, par une autre coutume ancestrale, qui est que les mâles méprisent les femelles, la même direction n'avait pas jugé utile de trier les femmes, d'y séparer les « personnalités » du tout-venant, Dans la même chambrée, on trouvait la comtesse de Cossé-Brissac (née Schneider), ou bien la marquise de Polignac, ou Mary Marquet avec des prostituées, avec des femmes des Halles ou avec cette joyeuse, cette inexplicable criminelle que fût la naine du cirque Médrano. Et tout ce monde s'entendait plus mal que bien. Car les femmes, comme on sait, sont sans pitié les unes pour les autres. C'est un autre genre d'humanité. L'amour du semblable est une idée d'homme, que les femmes ne comprennent guère. Elles sont plutôt portées, par nature, à aimer ce qui leur est opposé ou complémentaire, comme l'homme ou l'enfant. Aussi y a-t-il eu, chez les femmes, cent fois plus de disputes, de réclamations et de mouchardages que chez les hommes. La police du camp était excédée de recevoir, chaque matin, une princesse russe qui venait dénoncer tels ou tels agissements peu distingués, ou bien des femmes qui se plaignaient que d'autres femmes eussent de prétendus privilèges, ou que la princesse russe (à bon chat, bon rat) n'en finît pas, dans la chambrée, de déambuler toute nue, ce qui n'était pas beau. Les femmes se mélangeaient aussi beaucoup moins. Elles se groupaient d'après les affinités sociales, d'après les fréquentations mondaines. Les manteaux de castor, de vison, d'opposum, firent, aux premiers froids, un cercle très fermé, qui tint à distance les manteaux de lapin ordinaire ou de drap. On m'a conté pourtant que, dans la chambrée de Mary Marquet, il y a eu des heures unanimes. Car l'actrice, parfois, disait des vers. Et la perfection de sa voix, répétant les paroles cadencées, les paroles éternelles, chantait pour toutes les femmes un cantique venu du fond des âges, qui faisait renaître l'espoir dans notre prodigieuse espèce.

Mais le grand problème était le rapport des sexes. Et c'était encore une différence avec l'Institut Dentaire où, tant il y avait d'épouvante et de faim, personne n'avait la force de penser à la bagatelle. À Drancy, on craignait moins et on mangeait mieux. Aussi la vigueur agitait-elle les jeunes mâles. Et les tentations ne leur manquaient point. Parmi les tondues et même parmi les autres, il était nombre de femmes plaisantes à voir, et de cuisse leste. Et, les uns pourchassant, lutinant, culbutant les autres, le camp était comme un lupanar à grande échelle. On forniquait un peu dans tous les coins. Les couples pressés, ou peu difficiles, se contentaient d'un coin de mur ou de la cage d'un escalier. D'autres se donnaient rendez-vous dans des caves, dans des greniers, et n'importe où. Les amoureux plus distingués pouvaient, s'ils avaient des relations, se rencontrer dans une salle de l'infirmerie ou même, en l'absence de ce saint homme, dans une des chambres réservées à l'aumônier... Les prostituées avaient toute une clientèle, jusqu'à ne plus savoir où donner de la tête. Elles reprenaient, tranquillement, les vieilles coutumes, et j'en ai même vu une, à la nuit tombée, qui faisait les cent pas devant la gendarmerie, roulant des yeux et des hanches pour allécher les pandores... À vrai dire, les autorités du camp avaient, à l'égard de ce rut, une politique assez mal définie. Il leur arrivait, en tant que personnes privées, d'y prendre part à la dérobée, et certains fonctionnaires organisaient, le soir, des bacchanales grandioses, avec vins et femmes nues sur la table, à profusion. Mais, officiellement, la fornication, sous toutes ses formes, était condamnée par mille circulaires et punie de quelques jours de « gnouf », c'est-à-dire de cellule. Les gendarmes, dans tous les coins, recherchaient, traquaient les contrevenants. Mais leurs efforts étaient si inefficaces, ou si mous, que la direction, un beau jour, a décidé de trancher le mal à la racine, et de découper, dans la grande cour une espèce d'enclos entouré de barbelés où les femmes, désormais, se promenèrent seules hors de portée des convoitises mâles. Ce fut, pour Jeanne et moi, un désastre. Jusqu'alors, nous n'avions été séparés que pendant la nuit, et nous passions ensemble presque toutes nos journées, à faire les cent pas et bavarder dans la cour. C'était une suffisante consolation. Après la pose des barbelés, il fallut, pour nous retrouver, user de ruses infinies, et qui sans cesse devaient être renouvelées, dès qu'elles étaient déjouées. Au début, j'ai usé du prétexte des Commissions. Car ces Commissions se trouvaient dans le bâtiment affecté aux femmes, de sorte qu'en me prétendant convoqué, je pouvais fléchir les gendarmes, passer les barbelés et parler avec Jeanne un moment, en prenant, à la porte d'une Commission, l'air de quelqu'un qui attend son tour. Un autre moyen était de nous rendre, en même temps, à l'infirmerie, à l'heure de la visite ou des soins. Mais, quelquefois, nous nous sommes contentés d'aller, moi aux W.-C. des hommes et Jeanne aux W.-C. des femmes. Une cloison séparait les deux, et elle était, à un mètre du sol, percée d'un trou gros comme le poing. Par ce trou, nous échangions quelques mots, nous pouvions voir la moitié du visage l'un de l'autre. D'autres hommes, d'autres femmes, qui étaient là pour des motifs plus ordinaires, assistaient à la conversation, gravement accroupis, et parfois ils se retenaient de faire des bruits, pour ne pas nous troubler.

J'ai pu me distraire, un peu, de l'absence de Jeanne en me mêlant à tout un groupe de pacifistes, de syndicalistes où j'avais de vieux camarades. Car n'ayez crainte, je n'étais pas le seul. Et il faut compter par centaines, par milliers les hommes qu'on a arrêtés ainsi, tout simplement parce qu'ils avaient trop aimé la paix, et parce qu'ils n'avaient pas, comme d'autres, abjuré hautement cet amour, avec de jolis, mouvements du menton. Il y eut des cas où l'inculpation, l'arrestation furent ouvertement, impudemment, une revanche du bellicisme sur le pacifisme, sans même un semblant de prétexte, sans même un voile de précaution. Par exemple, ce n'est point pour « pétainisme » ni pour « lavalisme » qu'on a inculpé Anatole de Monzie. Car Dieu sait si Anatole détestait Pierre et Philippe, et s'il le criait tout haut, jusqu'au risque. Mais le plus beau est que, lorsque Monzie vint demander pourquoi, on ne sut que lui dire. Il n'y avait rien dans le dossier, rien que des feuilles blanches. Bien entendu, Monzie protesta, et il fallut bien, après des tergiversations, avouer ce qu'on avait contre lui. Or on ne lui reprochait que de n'avoir pas été assez « dur », au dernier Conseil des Ministres, en août 1939. C'est comme, je l'écris... J'ai vu aussi André Delmas arriver au camp de

Drancy. Et, quand il passa devant la Commission de Triage, on eut l'inconscience de lui demander pourquoi il avait été arrêté. Car il n'y avait point non plus de dossier. Comment y en aurait-il eu, puisque Delmas s'est tenu coi pendant toute l'occupation, copieusement insulté par la presse de Vichy et très surveillé par les occupants ? La vérité est qu'on l'avait arrêté parce qu'il a été, en 1938, partisan des accords de Munich. D'ailleurs, « L'Humanité », qui publia sa joie, ne put se tenir de manger le morceau, dénonçant dans Delmas un affreux Munichois... Et j'en sais bien d'autres, encore, j'en ai vu bien d'autres, dans les geôles, qui ne payaient que leur passion de la paix. Alfred Fabre-Luce, qui sortait des prisons de la Gestapo était là, pour le même crime que lui avaient déjà reproché les Allemands, c'est-à-dire, pour son haut souci de l'homme, pour l'élégante liberté de son esprit. Et j'ai retrouvé presque tous les syndicalistes de la tendance pacifiste, tous ceux qui ne s'étaient pas mués, à la dernière heure, en traîneurs de sabre : Bertron, des Mineurs, Bonnet, de l'Habillement, Savoie, de l'Alimentation, Mathé, des Postiers, et Guiraud, et Vigne, et Fronty, et je ne sais combien encore. Au bout de quelques semaines ou de quelques mois, il a fallu, bien sûr, libérer tout ce monde, puisqu'on n'avait rien contre lui. Mais il faut dire qu'entre temps les communistes avaient, d'autorité, pris la tête des syndicats. Jadis on discutait, on disputait avec les concurrents. Maintenant on les emprisonne. C'est plus commode. Ça facilite beaucoup les élections...

LIBERTÉ, LIBERTÉ CHÉRIE...

Nous bavardions donc entre nous. Nous effeuillions des souvenirs. Nous prophétisions. Ou bien nous jouions aux cartes, tout simplement. Mais notre attention ne se détournait guère d'une automobile, surmontée d'un haut-parleur qui, toute la journée, tournait dans la cour, criant des noms. Cet engin était surtout redoutable vers dix heures du matin. Car ce qui en sortait, alors, c'étaient des phrases de ce, genre : « Dupont, Durand, chez l'officier de paix, avec vos bagages ! » Et nous savions que les trois mots : « avec, vos bagages ! » signifiaient le départ vers la prison de Fresnes, vers la Cour de Justice, vers un jury obtus et ricanant, vers une ration de travaux forcés ou vers le souffle de douze balles, dans le petit matin. Il se faisait donc un grand silence, dans les chambrées, quand l'automobile passait à dix heures, criant des noms. On ne respirait largement, avec de vrais poumons, que lorsque toute la liste avait été lue. Parfois il arrivait qu'un voisin reprît mal sa respiration. Car il avait entendu son nom. Les autres l'aidaient à faire ses paquets. Et bientôt il essayait, de crâner, de se tenir en homme, avec des sourires, avec des paroles d'homme qui est au-dessus de ça, qui est au-dessus de tout. Il partait, crânant toujours. Tout au début d'une besogne immense, qui était de crâner jusqu'au bout, comme il convient à un homme... D'autres fois, le haut-parleur criait d'autres noms, ceux des internés qui étaient convoqués devant les Commissions de Triage. Et c'était l'espoir, alors, qui entrait à pleines fenêtres. C'était la chance de s'expliquer enfin, de se justifier, de lutter pour sa liberté, avec des mots qui seraient clairs, convaincants, définitifs. Enfin on s'imaginait déjà dans la catégorie de ceux qui attendaient d'une bonne attente, de ceux qui, promis à la libération, venaient chaque soir se bousculer, se tirer, s'injurier, en tas, devant la petite liste qu'on affichait sur le mur du bloc III et qui portait les noms des heureux qui partiraient le lendemain. Mais beaucoup revenaient des Commissions dans un état de total ahurissement. Car le duo ou le trio des inspecteurs, de l'autre côté de la table, n'avaient eu à montrer qu'une feuille blanche. L'interné avait appris qu'il n'y avait contre lui aucun mandat, aucun ordre d'internement, aucun dossier, ni même aucune dénonciation, du moins écrite. Dans les premiers temps, le pauvre bougre jubilait, confronté avec ce néant. Naïvement, il disait : « Alors, vous allez me libérer, puisqu'il n'y a rien contre moi ? » Mais il était, à la vérité, au fin fond de la malchance et de la malédiction. Le trio ou le duo répondaient qu'ils ne pouvaient rien décider sans dossier, qu'ils allaient en demander un en haut lieu, qu'on ferait une enquête, et tout et tout, « Quand ce sera fini, disaient-ils, nous vous rappellerons. » Il y en avait bien pour deux mois, dans l'hypothèse la meilleure. Deux syndicalistes, Vigne et Savoie, je crois, n'ont jamais pu avoir de dossier. C'est pourquoi ils ont failli ne jamais en sortir. Toute leur innocence, toute la blancheur et la virginité de la feuille qui leur était affectée les condamnaient, automatique- ment, à une espèce de relégation perpétuelle. Il a fallu, pour qu'on les libérât, que presque tout le monde fût parti, les uns vers Fresnes, les autres vers leurs foyers, et qu'on décidât, après usage, de dissoudre le camp. On a dû alors les trouver, comme tout au fond du sac, si purs, si irréprochables que per- sonne ne s'était avisé de les citer, de les interroger, de les accuser, bien que quelqu'un, pourtant, se fût avisé de les arrêter. J'imagine même qu'on a dû les engueuler un peu, pour tant de sotte et d'insignifiante innocence... Jeanne et moi, nous avons eu plus de chance. Le rapport du capitaine Rivier, qui concluait à notre libération, nous avait suivis. Aussi la Commission a-t-elle été très aimable, très expéditive. Ça n'a pas duré dix minutes. Nous sommes sortis rayonnants, la main dans la main, et comme marchant sur des nuages, sur du duvet. Ils nous avaient proposés pour la libération ! Pour un peu, je serais allé, le soir même, bousculer, tirer et injurier les autres, moi aussi, devant la petite liste, tout au bas du bloc III. Après quoi nous avons attendu. Il fallut du temps pour que, tout en haut, on épuisât les formalités, les hésitations. Jeanne a attendu un mois. J'ai attendu deux mois. Et Jeanne m'a fait honte, le jour où elle fut libérée. Car elle ne voulait pas me laisser là. Elle voulait m'attendre. Elle pleurait d'être libérée sans moi. Et ça paraissait drôle, que quelqu'un pleurnichât et reniflât par désespoir de sa liberté. On riait un peu, tout autour. Il m'a fallu la consoler, lui donner courage. Je lui ai parlé de Jacques. Je lui ai vanté les beaux colis qu'elle m'enverrait, si je restais encore quelque temps. Elle est pourtant partie avec la mine de quelqu'un qui serait resté, ou qui serait allé à Fresnes, au lieu d'être libre... Et moi, j'ai été seul, pour la première fois. Je ne m'en doutais pas à ce point. Mais il faut avoir beaucoup aimé pour qu'un jour, par une absence, le monde soit comme s'il était gris et sans importance. Quand j'étais dans la grande cour, j'avais mal à voir les barbelés, parce qu'elle n'était plus derrière, à toujours attendre. Et quand j'allais aux W.-C., j'avais mal à voir que d'autres chuchotaient, par le trou où nous avions chuchoté. J'ai crâné, bien sûr. Un homme crâne toujours. Mais les jours ont été plus longs, les nuits plus lentes, sur la paillasse, et les pensées plus lourdes, parce que je les portais tout seul, désormais. J'ai attendu. J'ai attendu. Et le jour est venu. Mon nom était sur la liste, un soir. J'ai été, du coup, comme un étranger dans ma chambrée, tant j'étais un homme libre, déjà, par mon comportement, et tant les autres étaient d'un autre monde et le reflétaient misérablement, par leur impuissance à cacher leur envie. Le lendemain, dès que j'ai été dans la rue, j'ai téléphoné chez ma concierge, pour demander Jeanne ou Jacques et pour leur dire de m'attendre chez un ami. Car, à l'époque, en sortant d'un camp, personne, s'il était sage, ne rentrait chez lui sans précaution, de peur que quelque F.T.P., au café du coin, ne le prît mal et que, par une dénonciation, il ne fît recommencer toute l'aventure. On allait, d'abord, chez un ami, ou dans une clinique. On faisait prendre, par des tiers, la température du quartier, et on ne rentrait dans ses meubles (s'il en restait) que lorsqu'il était sûr qu'il n'y avait plus de risques... J'ai donc téléphoné. Et c'est Jacques que j'ai eu au bout du fil. Au début, il ne savait que dire : « Papa !... Papa !... », avec des bégaiements d'extase, comme s'il avait fait quelque grande découverte, ou comme si la première bicyclette, en personne, était descendue de la cheminée, à la Noël. Puis il a eu ce mot extravagant et adorable : « Dis donc, faut-il que je mette mes habits du dimanche ? » Je les ai retrouvés tous deux, chez l'ami. Lui, dans ses habits du dimanche. Elle, plus pâle, plus grande des yeux que lorsqu'elle m'avait quitté. Et moi, on dit que je puais abominablement, de toute la crasse du camp qui était sur mes habits. Mais de cette odeur, nul ne s'est avisé que plus tard. Nous avons fait un tas, tout de suite, un tas de bras, de baisers et de petits mots, de toutes nos présences rassemblées. Nous avons, depuis, recommencé à vivre, et même à aimer les hommes, à force de nous aimer.

CHAPITRE X

LA POLICE ENQUÊTE....

ENCORE LA POLICE...

Et pourtant, je n'en avais pas fini, avec les F.T.P. Au début de l'année 1945, j'ai été convoqué à la Direction de la Police judiciaire, 36, quai des Orfèvres, par le Cabinet de M. Pinault, commissaire de police, « pour être mis en rapport avec M. Berthomé ou Deschamps », inspecteurs de la brigade criminelle. Je me suis rendu à cette convocation, avec un peu de crainte. Car nul ne sait plus, maintenant, ce qui peut lui tomber sur la tête, depuis la Libération. On a beau s'être justifié, devant toutes les Commissions, avoir été libéré, « définitivement, », avoir en poche un beau certificat par lequel la Préfecture de Police, soi-même, atteste que le camp d'internement de Drancy s'est dessaisi, « définitivement », de M. Abel. Ledit M. Abel a beau savoir qu'une telle faveur ne lui a pas été accordée sans que ses actes aient été pesés au trébuchet, scrutés au microscope, et sans qu'il soit devenu suffisamment clair qu'ils ne contenaient aucun microbe de nazisme, aucun virus de trahison. Tout cela ne rassure pas.

Il faut si peu de chose, aujourd'hui, pour que la liberté d'un homme soit remise en question. Il suffit que quelqu'un ne vous aime pas, un créancier, un malade du foie, ou un adversaire politique, et qu'il adresse, là où il faut, une petite lettre de teint bilieux et de mine patriotique. Voire même du genre anonyme. Ou bien il suffit qu'un journaliste en mal de copie, qu'un Comité de Libération en mal de propagande, distille contre vous, trois ou quatre lignes venimeuses. Et ça y est. Vous êtes « repiqué ». Vous retournez au camp, ou en prison. Et il vous faudra tout reprendre par le commencement, vos explications, vos justifications, devant les mêmes Commissions ou devant les mêmes magistrats qui bâillent, qui ne se pressent pas, et qui mettront bien deux mois encore pour vous libérer à nouveau. À nouveau « définitivement ». J'ai connu, à Drancy, des malheureux qui avaient été, ainsi, arrêtés deux fois, trois fois, et qui désespéraient d'en jamais finir. L'éditeur Sorlot, par exemple, allait quitter le camp, quand j'y suis entré. Et, quand j'en suis sorti, il allait y rentrer, à la suite de quelques articles, dans les journaux. Mais le record appartient à Ginette Leclerc, l'artiste. Elle a été arrêtée et libérée je ne sais plus combien de fois, les uns disent cinq, les autres huit, avant qu'on la laisse enfin en paix.

PRUDENCES

J'étais donc plutôt inquiet, en arrivant à la P. J. Mais l'inspecteur Deschamps me tranquillisa tout d'abord. Il avait sans doute vu à ma mine qu'il fallait commencer par là. Et il expliqua que je n'étais convoqué que comme témoin. Car une enquête venait d'être ouverte sur les crimes commis à l'Institut Dentaire. Et il était naturel qu'on interrogeât les prisonniers qui y avaient vécu, qui avaient vu... Du coup, mon inquiétude fit place à une curiosité passionnée, et même à une espèce de joie. Il y avait donc, tout de même, une justice ! Il y avait donc, à nouveau, des magistrats qui ne considéraient pas les fusillades, les tortures, les séquestrations arbitraires comme des jeux populaires, comme de petites vivacités de Résistance en enthousiasme. Il y avait même une police qui voyait, dans ces événements, matière à enquête. Avouez que la nouvelle avait de quoi faire plaisir...

Mais je voulus pourtant être prudent. Et je tins à savoir, avant de témoigner, si mon témoignage ne risquait pas de me mettre fâcheusement en vedette, s'il ne me désignerait pas à des vengeances, et enfin beaucoup de si. Car je me méfie, maintenant, et je ne suis plus prêt à prendre des risques pour des riens... Mais j'eus tous les apaisements. L'inspecteur affirma qu'il n'était point question de donner, avant bien du temps, une suite judiciaire à l'enquête dont il était chargé. Et je compris que la justice n'avait point d'illusions. Elle n'avait pas pu ne point ordonner une enquête, ayant été saisie des plaintes de nombreuses familles qui avaient perdu un des leurs, sans savoir où, sans savoir pourquoi, et qui le réclamaient à tous les échos, comme une volée de perdreaux, le soir de la chasse, appelle vers tous les horizons les siens qui sont morts. Des plaintes, il paraît que ce n'est pas ce qui manque maintenant, sur les bureaux de MM. les procureurs, depuis que les gens ont un peu moins peur. Des plaintes pour assassinats, des plaintes pour coups et blessures, des plaintes pour vol... Il y en aurait vingt-cinq mille pour la seule région parisienne, si j'en crois un de mes amis qui est avocat. Et cet ami prétend que ce sera un beau scandale, si un jour on instruit tout ça.

Mais ce ne sera pas de si tôt. Et j'étais un sot d'imaginer que les fusillades de l'Institut Dentaire avaient chance, à six mois de la Libération, d'être évoquées en Cour d'assises, et moi d'être à la barre, comme témoin. Il n'y a pas chance.

D'ailleurs, l'inspecteur me fit comprendre qu'il travaillait pour un avenir assez lointain, et plutôt imprécis. Il me confia même que son enquête était secrète, et que mieux vaudrait ne pas en parler.

« Car, dit-il, vous pensez bien que si, dans certains milieux, on savait que nous enquêtons sur ces faits, il y aurait des protestations, et des histoires, même au gouvernement. » Il a donné le même conseil de silence à d'autres qui sont venus aussi témoigner, et que j'ai vus après. Mais je n'ai rien promis. Et d'ailleurs quelle importance ? Ces pages, elles aussi, sont pour plus tard, pour beaucoup plus tard. Pour un temps où il y aura de la liberté pour les juges et pour les témoins. Ou pour un lieu où il reste de la liberté...

PHOTOGRAPHIES

Mais revenons à la P. J... Quand l'inspecteur m'eut enfin rassuré, j'entrepris de donner mon témoignage, de conter ce que j'avais vu, ce que j'avais entendu, à l'Institut. L'inspecteur m'écouta avec politesse, tout un moment. Mais je voyais bien que ce que je disais ne l'intéressait pas. Et bientôt il me dit pourquoi. Il savait, par d'autres témoins, tout ce que je pouvais lui dire, et même plus. Et ce qu'il voulait me demander, c'était si je pouvais reconnaître, sur certaines photographies qu'il allait me montrer, quelques-uns de mes anciens compagnons de l'Institut. Il m'avertit que ces photographies n'étaient pas belles à voir, car c'étaient des photographies de cadavres, Et moi, naïf, je lui répondis que, dans ce cas, je ne pourrais lui être utile, puisque je n'étais, heureusement, arrivé à l'Institut que lorsque les F.T.P. avaient cessé de fusiller. « Je ne reconnaîtrai donc, lui dis-je, aucun visage. » Alors, l'inspecteur me regarda avec un drôle de sourire. « Vraiment, dit-il, vous ne savez pas, monsieur Abel, à quoi vous avez échappé. Croyez-m'en, regardez ces photographies. Prenez bien votre temps. Vous reconnaîtrez, tout de même, bien des visages. »

Et j'ai regardé. Il avait raison. Ce n'était pas, en effet, bien beau à voir. C'étaient des photographies prises à l'Institut Médico-Légal. Une de face, une de profil pour chaque visage. Les photographies de profil, surtout, étaient, lugubres. Car, pour mieux présenter le visage, on, relève la tête, à un angle de quarante-cinq degrés, et, pour la faire tenir, on fait reposer la nuque sur un morceau de bois, qui porte le tout. Le morceau de bois se voit, sous cette tête qui semble se relever, se réveiller, et qui est morte. Il y avait bien, ainsi, les photographies de cent visages, collées sur trois grands cartons que l'inspecteur me fit examiner l'un après l'autre. Mais, au début, j'ai été incapable de reconnaître personne. Trop de visages étaient trop tuméfiés, trop mutilés, trop martyrisés. Et l'inspecteur m'a dit : « Évidemment, ils en ont torturé beaucoup. Ça se voit. »

Et ça se voyait, en effet. Il y avait des orbites vides de leurs yeux, et des nez horriblement écrasés, et d'incroyables sourires avec des lèvres énormes et peu de dents. Je crois pourtant que quelques-unes des plaies n'avaient pas été faites par des tortures, mais tout simplement par la balle de mort, à la sortie. C'est en ressortant que les balles font des plaies larges, et déchirées, comme j'en ai vu. Je me souviendrai toujours, en particulier, d'un visage de femme, dont tout le front, au-dessus des sourcils, avait disparu, sans doute éclaté, et qui me fit penser à une maison dont une bombe aurait rasé les plus hauts étages. Mais je n'ai point vu, sur aucune de ces faces, sur aucun de ces profils, le trou rond et net que fait une balle, quand elle entre. La balle, toujours, avait dû entrer par derrière, dans la nuque.

RÉVÉLATIONS

Je regardais... Je regardais... Et j'ai reconnu Lucienne Senan, avec un œil ouvert, et l'autre fermé, grotesquement. Ensuite, ce fut Pescader. Et le sous-lieutenant Marin. Et Hoffman. Et Guichet. Et la maîtresse de Guichet. Et de Franlieu. Et un Italien, dont je ne sais pas le nom, mais qui était avec nous aux « mous », et qui avait la gale. Et la concierge, la pauvre mégère de concierge que le capitaine Rivier avait gardée, malgré son innocence, « pour lui faire le caractère et pour faire plaisir aux voisins. » Et d'autres encore, d'autres que j'avais vu vivre, que j'avais vu souffrir, que j'avais vu craindre et se rassurer, comme nous, et tout mêlés à notre misère. L'inspecteur, quand je passais, sans mot dire, sur une photographie, me ramenait parfois, et il disait : « Regardez bien, celui-ci. Le visage est très abîmé. Mais il était là-bas, avec vous. Le reconnaissez-vous ? » Et il arrivait, encore, une fois encore, que je reconnusse... Jeanne a été malade, quand je lui ai raconté tout ça. Et la nuit, elle y rêve parfois, avec des cris...

Il y a de quoi. Car elle sait maintenant, à quoi nous avons échappé. Il n'était point vrai qu'ils eussent cessé de tuer à notre arrivée, comme ils le faisaient croire, et comme beaucoup de prisonniers le croyaient. Non. Ils tuaient toujours. Ils se moquaient bien des défenses du gouvernement !... Mais ils tuaient la nuit, et non plus le jour. Et dans les caves, ou au bord de la Seine, au lieu de le faire en pleine lumière, dans les jardins. Et hypocritement, au lieu de tuer ouvertement. Les prisonniers qu'ils appelaient, le soir, et qu'ils disaient emmener au Dépôt, à Drancy, à Fresnes, pour être jugés, ou au Commissariat, pour être libérés, il n'est point vrai, pour beaucoup, qu'ils les aient emmenés là. Et c'était du mensonge, encore, que cette séparation qu'ils avaient faite entre les « durs » et les « mous », entre les « dangereux » et les « libérables ». Ils ont menti. Ils ont menti. C'est à coups de revolver qu'ils libéraient certains « libérables », et on a retrouvé des « libérables » dans la Seine, tout comme des « durs ». Pescader, Lucienne Senan, Hoffinan, et l'Italien qui avait la gale. Presque tous dans la Seine. Et les inspecteurs m'ont expliqué qu'il était assez facile de reconnaître les cadavres qui venaient de l'Institut. Ces cadavres avaient tous, accrochée au cou, une pierre pareillement nouée avec une corde très reconnaissable. Mais la corde s'est dénouée, ou a cassé, parfois. Ou bien des riverains ont distingué des choses. Ou encore la Brigade fluviale a dragué. Et ils sont remontés du fond, tous ces visages...

VISAGES INNOCENTS

Visages, je me souviens de vous... Visages de stupeur... Visages d'épouvante... Visages d'hommes et de femmes qu'ils emmenaient le soir, en disant que c'était pour la liberté... Visages d'hommes et de femmes qui, tout à coup, ont dû voir le fleuve, et qui ont compris... Visages, alors, ouverts pour un cri... Visages tordus, parfois, sous la dernière torture... Visages soudain pétrifiés par la dernière balle, dans la nuque... Visages fondus dans le fleuve et faisant, un moment, une tache blanche dans l'eau sombre, comme un poisson mort... Visages... Ces visages... Visages d'hommes et de femmes qui, souvent, n'avaient pas été pires que d'autres, ni plus coupables que d'autres, ni même moins innocents que d'autres... Visages, je me souviens de vous !

De toi, Hoffman. Pourquoi es-tu mort ? Pourquoi t'ont-ils tué ? Je ne sais pas. On ne savait pas à la Police Judiciaire. On n'avait pas compris. Car tu étais de la Résistance, depuis le début. Tu avais combattu, dans la banlieue. Et Rivier, finalement, en avait convenu. Un jour, tu es revenu de l'interrogatoire tout joyeux, tout éclairé d'espoir. Tu as dit à ma femme : « Ça y est ! Ils vont me libérer dans deux ou trois jours. Le capitaine Rivier vient de le décider. Ne vous en faites donc pas tant, madame. Vous voyez bien qu'on en sort. Ce sera votre tour, à vous aussi, bientôt. Ne vous en faites pas. » Et, en effet, ils sont venus te chercher un soir. Tu es parti avec un pas d'homme libre, plus vif dans ton corps maigre, tout redressé dans ton blouson, avec une lumière neuve dans tes yeux, par-dessus ton nez pointu. Nous t'avons envié, tu sais. Car nous restions. C'est comme ça, l'homme. Ça envie les autres. Et nous ne pouvions pas savoir, mon pauvre vieux, que tu partais vers la Seine, et vers la pierre au cou....

De toi aussi, je me souviens, visage de Pescader, avec tes pommettes saillantes, avec tes joues rentrées, avec ton sourire poli de petit vieux bien propre. Mais tu étais un triste, Pescader. Tu avais peur. Tu faisais la morale à Lucienne Senan, quand elle riait trop haut, quand elle les narguait, quand elle contrefaisait leurs gestes, leurs voix. Tu lui disais : « Tu vas les rendre furieux. Tu nous feras fusiller. » Et pourtant, un après-midi, tu nous as fait bien rire, toi aussi, aux « libérables », quand tu as imité Thomas, le Thomas qui t'avait dit, avec son accent de Polonais : « Ta gueu-eule ! Ah ! tu en as une gueu-eule ! Regardez cette gueu-eule, vous autres ! » Mais, d'ordinaire, tu étais plutôt triste. Je me souviens qu'un jour, comme tu rêvassais, la tête dans tes mains, l'un d'eux - c'était, je crois, Pedrossa - t'a frappé sur l'épaule, et t'a dit : « Ne t'en fais donc pas. J'en suis bien sorti, moi. Tu en sortiras, toi aussi. » Ça m'avait intrigué. Je t'ai demandé comment tu le connaissais. Et tu m'as répondu : « Bien sûr, que je le connais ! Je l'ai arrêté deux fois, pour escroquerie, quand j'étais commissaire de Police. » Tu m'as confié que tu avais peur qu'il n'eût de la rancune, malgré son air bonhomme. Je ne sais pas s'il t'en voulait. Mais tout s'est bien passé comme si lui, ou d'autres, t'en avaient voulu...

Et je me souviens aussi de toi, Lucienne Senan. De toi, Lulu, comme nous t'appelions. Nous t'aimions bien, tous. Ma femme avait pris ton adresse. Elle voulait te revoir, pour te remercier. Pour te remercier encore de tout ce dévouement, de tous ces mots, de tout ce bercement, comme d'une grande sœur, que tu lui avais prodigués, une fois qu'elle pleurait et qu'elle était comme folle, à force de craindre pour moi. Moi, je t'aurais remercié d'autre chose, de mieux que ça. Je t'aurais remercié d'avoir, chaque jour, frappé ce troupeau de malheureux que nous, étions avec les grands coups de fouet de ta joie, de ton invincible, de ton insolente joie. Il y avait des fois où tes histoires drôles, tes chansons, tes mines nous prenaient par le cou, comme des petits chiens, et où elles nous tenaient, de force, plus haut, par-dessus toutes les ombres. Et je t'aurais remerciée, aussi, de tout le courage avec lequel tu leur tenais tête, des rires que tu leur jetais à la face, comme des gifles, des haussements d'épaules que tu faisais, quand ils t'avaient, une fois encore, mise au piquet, les bras en l'air, et des mots, des commentaires que tu faisais à voix haute, d'un air ingénu, et qui parfois faisaient pâlir de rage Sonia, la Sonia enfin muette, enfin mâtée. Comme quand elle avait dit à L'Hévéder : « Taisez-vous ! Vous n'êtes pas ici pour faire des circonférences ! », et quand, toute ravie, tu répétais, de manière qu'elle entendît bien : « Ah ! ça non, il ne faut pas faire de circonférences ! Voyez-vous ça, ce L'Hévéder qui fait des circonférences ! » J'ai vu bien des courages, à l'Institut. Des courages muets, des courages hautains, des courages qui parlaient, comme pour s'étourdir, et d'autres qu'on raidissait en soi, les dents serrées, et qui grimaçaient quand même. Je n'en ai vu aucun qui ait été plus chaud, plus jaillissant, plus simple que le tien, Lulu... Mais c'est Pescader qui avait raison. C'était une imprudence. Ils n'avaient pas grand'chose contre toi. Une histoire de cartes de pain, parait-il. Et, sans doute, des paroles aussi, de ces paroles que tu avais dû jeter follement, à la ronde, comme toutes tes paroles, mais que quelqu'un avait ramassées, quelqu'un qui passait par là, en quête, comme un boueur. Enfin, rien qui comptât vraiment. Mais il ne fallait pas les provoquer. Il ne fallait pas rire. Eux, vois-tu, ils ne riaient pas...

ET D'AUTRES VISAGES...

Visages... Pauvres visages... Et je me souviens même de visages moins innocents. Je veux m'en souvenir aussi, car il en était qui ne méritaient pas ça, cette mort comme d'un chien, avec une pierre au cou. Même une Cour de Justice ne les aurait pas condamnés à ça. À la mort. Par exemple, ils ont tué le sous-lieutenant Marin parce qu'il avait gardé pour lui une part de ce que, par ordre, il avait volé pour eux. Et je dis que ce, n'est pas justice. Ce fut un règlement de comptes, comme dans le « milieu ». Marin n'avait fait, en somme, que voler des voleurs. Ce n'était pas un cas pendable. En d'autres temps, l'affaire n'aurait relevé que de la Correctionnelle. Et Marin n'aurait pas été tout seul, sur le banc. Il y aurait eu toute la bande, en rang d'oignons. Pourtant, Marin est le seul qui ait vu clair, parmi nous. Il était des leurs, et il savait bien qu'ils tuaient encore, qu'ils allaient le tuer. Il en était tout désespéré, car, comme j'ai dit, c'était un jeune marié, et il tombait du haut d'un bonheur. Ils avaient arrêté sa femme avec lui. Un jour, ils l'ont appelée, et elle n'est pas revenue. Marin s'en est inquiété, et le sergent Maurice lui a dit : « Ne t'en fais pas. Elle, ils l'ont libérée. » Marin a pleuré. Il aurait voulu l'embrasser une fois encore. « Elle aussi, a dit Maurice, elle voulait t'embrasser. Mais ils n'ont pas voulu. » Alors Marin a été comme un homme perdu. Il ne voulait plus manger. « Ils vont me tuer, disait-il. J'en suis sûr. Mais qu'ils ne traînent donc pas, maintenant. Qu'ils le fassent tout de suite. Je suis trop malheureux, depuis qu'elle est partie ... » Ils ne l'ont pas, tout de même, trop fait languir ...

Et ils ont tué Guichet, aussi, après avoir pillé sa villa. Et ils ont tué Mme Coty, sa maîtresse, après avoir pris ses bijoux. Ces deux-là, non plus, n'avaient sans doute point mérité la mort. Guichet avait fait du commerce avec les Allemands, comme des milliers d'autres, qui sont libres, aujourd'hui, et qui vivent. On avait trouvé, chez lui, plusieurs tonnes de boîtes de conserves. Et il paraît qu'il avait gagné des millions, à ce jeu. Il fallait lui faire rendre gorge, bien sûr. Mais il y a du chemin, entre rendre gorge et rendre l'âme... Pour Mme Coty, je sais moins. Le bruit courait qu'elle avait, d'abord, travaillé pour les Anglais, ou pour la Résistance, et qu'elle s'occupait en particulier de cacher les parachutistes. Mais les

Allemands l'avaient, finalement, arrêtée et gardée en prison, cinq ou six mois. On lui reprochait d'avoir été libérée, par eux, de façon suspecte, En somme, on l'accusait d'être devenue un agent double. Ça se peut bien. Il se peut bien que les Allemands l'aient torturée, eux aussi, et qu'elle ait cédé. Mais tout de même il fallait la juger, cette femme. Il fallait enquêter, il fallait l'entendre, il fallait prendre le temps d'étudier son cas, qui n'était pas si clair. On ne tue pas une femme comme ça.

Et de Franlieu, non plus, je ne pense pas que de vrais juges l'auraient envoyé au poteau. Il était seulement coupable d'avoir été vice-président, je crois, des Jeunesses de l'Europe Nouvelle. Au tarif actuel des Cours de Justice, il s'en serait tiré avec deux ans de prison ou vingt ans d'indignité nationale. De quoi avoir plus de faim de vivre, après l'alerte... C'était une espèce de petit noblaillon qui ne disait mot, et qui avait l'air un peu dégénéré. Mais il avait eu, pourtant, le geste qu'il fallait. Les F.T.P. ne l'avaient pas trouvé chez lui, et ils avaient, à sa place, arrêté sa femme. Dès qu'il l'a su, il est venu se livrer, pour qu'on la libère. Et ce geste valait bien qu'on examinât son cas. Mais ils étaient pressés. Ils l'ont tué. Comme ils ont tué aussi Demangeot, bien sûr. Mais il faut dire que, si les inspecteurs de la P.J. étaient sûrs de sa mort, ils n'avaient pas encore retrouvé ou reconnu le corps. Le corps de Klein a été retrouvé, quelques jours après mon témoignage, les yeux arrachés. Enfin, que voulez-vous que je dise de plus ? Ils ont tué, quoi ! Ils ont tué tant qu'ils ont pu. Ils ont tué des hommes et des femmes. Ils ont tué des innocents et des coupables. Ils ont tué en têtus. C'est tout ce que j'ai à dire. Ils ont tué. Ils ont tué. Ils ont tué, que je vous dis !

CHAPITRE XI

LA GRANDE TRAHISON

Tuer...

Pourtant, tout au bout de ce récit, et tout étant étalé, sans un pli, j'ai encore à dire. Sans détours. Comme un homme se parle, quand il est seul, ou comme il parle à un autre, quand cet autre est un frère, un ami. Et j'ai, durement, bien des choses à dire... Quoi ? D'abord ceci, surtout ceci, à savoir que ce qui m'a le plus offensé, dans ce que j'ai vu, c'est le péché contre l'esprit.

Ce qui m'a le plus offensé, ce n'est point le péché contre la chair de l'homme, contre le sang de l'homme, contre la vie de l'homme. Ce péché-là n'est pas neuf. L'homme tue l'homme. On sait ça. Et on l'excuse presque, quand c'est pour un bon motif. Le jury acquitte, quand le tueur est un cocu, qui avait de l'honneur. Et l'histoire pardonne aux grands Inquisiteurs aux grands Capitaines, aux grands Révolutionnaires, s'ils ont tué pour une religion, pour une haute ambition. Autrement dit, la vie de l'homme n'a jamais été cotée bien cher, à la Bourse des Valeurs...

Il y aurait donc des chances pour qu'il fût beaucoup pardonné aux tueurs de la Libération, s'il était démontré qu'ils avaient, eux aussi, quelque passion de la grandeur, quelque rêve si orgueilleux qu'il leur a fait mépriser quelques milliers de vies réelles. La Liberté, par exemple, ou tout simplement la Patrie. De tels cultes s'entourent de telles ivresses, qu'on n'en veut pas trop à ceux de leurs prêtres qui massacrent un peu au hasard, par les chemins. Certes, on s'écarte de ces fanatiques, on les craint. Mais il entre dans cette crainte comme un respect sacré, Tout tachés, tout fumants qu'ils soient du sang d'autrui, on admire qu'ils aient fait à leur foi l'abandon de leur repos, de leur sécurité, de leurs scrupules, et peut-être même de leur bonté. On devine que, pour cette foi, ils se feraient tuer, comme ils tuent. Et j'honore aussi cette Volonté, comme un trait exceptionnel, qui n'appartient qu'à notre espèce. Je suis donc tout prêt à tirer mon chapeau aux Résistants, aux F.F.I. qui avaient de la Liberté de la Patrie une religion si forte et si furieuse qu'ils ont pu tuer, pour la Liberté, sans trop regarder qui, et qu'ils ont pu tuer, pour la Patrie, sans trop regarder comment. Oui, à ceux-là, je n'en veux point. Et je suis même prêt à les consoler, à les réconforter, quand ils se réveilleront, et quand l'heure d'un repentir sonnera à leur cœur...

COMMUNISTES

Mais pour les F.T.P. c'est une autre histoire. Car c'étaient des communistes, ou, quelquefois, des socialistes. Et ça change tout. Mais il faut bien me comprendre, Je ne suis pas de ceux qui haïssent les communistes, bassement, par l'effet d'une peur qui leur vient au ventre, quand ils entendent parler d'une révolution qui ravagerait leurs grosses richesses et leurs petites coutumes. J'aime au contraire que les Gros, que les Gras aient cette peur au ventre, et qu'elle ne soit jamais, tout au plus, qu'assoupie, et qu'elle les tenaille toujours un peu, dans un coin, comme une appendicite qui n'en finirait pas de couver. J'ai idée que ça empêche les Gros et les Gras d'être trop béats trop complaisants pour eux-mêmes, trop insensibles à la peine des autres. Ça les pique, ça les éperonne, ça les réveille au sens de l'humain. Ils seraient comme les pharaons de l'ancienne Égypte, à triomphalement digérer le monde, s'il n'y avait pas cette révolte d'esclaves qui constamment leur grouille dans un tréfonds du ventre...

Enfin je suis un socialiste, moi aussi. Je le suis à la manière des vieux syndicalistes qui, même quand ils sont marxistes, se défient des partis, de leurs états-majors et de leurs Messieurs, mais qui n'en sont pas moins du bon côté, par naissance et par métier. J'ai toujours voté à gauche, et j'étais du Front Populaire, comme il se devait. Je connais donc bien les communistes. Et je les ai beaucoup aimés. Car c'étaient les réveilleurs... Toujours à grogner, toujours à revendiquer, toujours dans l'opposition. Il n'y avait jamais chance, grâce à eux, que personne pût s'endormir dans un contentement bourgeois. Par exemple, le Bloc des Gauches prenait le pouvoir, avec les radicaux et les socialistes attelés cahin-caha. Il faisait de petites réformes, de petites promotions, de petits ajustements de salaires, et, tout content, tout rondouillard, il disait aux badauds de France et de Navarre : « Hein, que ça va mieux ? Hein, que vous êtes plus heureux ? Hein, que nous avons bien travaillé ? Alors, on va se reposer, les enfants ? On va faire une petite pause, n'est-ce pas ? ». Mais il n'y avait pas moyen. Car les communistes criaient qu'on n'avait rien fait, que les prolétaires étaient toujours aussi maigres, que les capitalistes étaient toujours aussi gras, et que toutes les réformes du Bloc des Gauches n'étaient que des réformettes de rien du tout. Ils exagéraient, bien entendu. Mais le résultat était que les socialistes prenaient peur, et qu'ils recommençaient à tirer dans le brancard, pour ne pas être grignotés aux élections, par les communistes. Les radicaux, eux aussi, tiraient un tout petit peu plus fort, pour ne pas être dépassés par les socialistes. Et toute la carriole, du coup, reprenait la marche en avant.

Ou bien encore, quand tout était calme, quand il n'y avait même pas un abus ni un scandale à l'horizon, et quand il devenait quasi évident que la démocratie était un régime à peu près libre et à peu près juste, voici que les communistes se mettaient encore à crier, comme des putois. Ils avaient découvert qu'on tenait en prison, sans motif bien défini, un pauvre petit bonhomme sans importance, auquel personne n'aurait pensé. Mais ils n'en faisaient pas moins un bruit de trois cent mille diables, conspuant les ministres, cassant les vitres, cabrant des barricades et ameutant les populations… Pour Sacco et Vanzetti, ils ont sonné, sur toute la planète, le tocsin contre l'injustice, contre l'atteinte aux droits, contre, l'offense à l'Homme. Enfin ils étaient rouspéteurs, gueulards, toujours mécontents. Et, par suite, ils ont, pendant des, années, représenté le plus haut de l'homme. Ils ont représenté l'Esprit, tout simplement. Car c'est le propre de l'esprit de ne pas se contenter de peu, de ne jamais se contenter de rien, de ne jamais être parmi les mous et parmi les dormeurs. C'est le propre de l'esprit de tant respecter les hommes que jamais il ne juge qu'on a assez fait pour eux, et que jamais il ne juge qu'ils ont assez tiré et arraché d'eux-mêmes. L'esprit, c'est toujours l'opposant.

PEURS DE BOURGEOIS

Vous pensez donc que je ne suis pas d'accord avec nos Bourgeois dont les bajoues blêmissent dès qu'ils entendent parler des communistes. Mais c'est maintenant qu'ils sont le plus drôles. Car je vois bien ce qui les hante. Ils n'osent pas croire à la conversion des communistes. C'est trop inattendu. Ces loups sont trop vite devenus de bons bergers, avec des rubans tricolores autour de la houlette. Ils ont trop vite pris la manière des grands Bourgeois, et des meilleurs, c'est-à-dire de ceux qui s'entendaient à manier et à mener les hommes. Les voici maintenant qui veulent être ministres, sous-ministres, préfets, sous-préfets. Les voici qui se soucient de la défense nationale, et qui se veulent ministre de la Guerre, généraux, colonels, et galonnés, et décorés comme des figurants de l'Opéra. Les voici qui prennent charge de l'honneur national, et qui exigent le poteau pour tous les traîtres, pour les grands, pour les moyens, pour les petits et même pour les douteux. Les voici qui se disent démocrates, comme c'est la règle du jeu, et qui, mieux que quiconque, savent préparer de bonnes élections. C'est à ne pas y croire, Car tout y est, les principes, la tactique et jusqu'à la poigne qu'il faut. Il semble même qu'en Russie et dans les nations annexes l'ouvrier soit tenu plus serré que partout ailleurs. Il faut avouer qu'on n'a jamais mieux fait pour mater les peuples. Les Bourgeois n'en reviennent pas. Ils sont là tout pantois, à se dire : « Ces communistes, tout de même, si c'était vrai ? Si leur marxisme et tous les noms en *isme*, ce n'était plus que, pour la frime ? Si vraiment ils avaient cessé d'être des doctrinaires, des songe-creux, des microbes à réveiller le monde ? Si tout au fond, maintenant, ils ne pensaient plus, comme tout un chacun, qu'à tenir un bon petit pouvoir, et qu'à le bien retenir ? Si c'était cela, cela changerait tout. On pourrait s'entendre. On pourrait couper la poire en deux. D'autant plus qu'ils s'y entendent, ces bougres. Ils n'ont même plus de grèves, chez eux. Ils n'ont plus d'opposition. Et ça tourne. Et ça saute. Et ça marche droit. »

Ils se disent cela, les Bourgeois. Puis, tout à coup, la peur les reprend. Ils n'osent pas y croire. On a beau leur dire que c'est réel, que c'est arrivé. Leurs espions ont beau leur rapporter que, déjà tel grand chef de la faucille et du marteau a son compte en banque, que déjà il a une belle villa en banlieue, que déjà il a une actrice pour maîtresse et une Hispano pour automobile, comme tout le monde, ils n'y veulent pas croire. Ils préfèrent imaginer une ruse inédite, une, manigance machiavélique, une mystification à l'échelle cosmique… « Si les communistes faisaient semblant ? se disent-ils. Si c'était pour nous tranquilliser, pour nous endormir ? Si, au dedans, ils étaient demeurés des « purs », des vrais prolétaires, des vrais partageux ? Si tout ça, c'était pour mieux s'infiltrer, pour mieux saper, pour mieux faire tout sauter, le grand soir venu, et pour installer, finalement, quelqu'une de leurs stupides fraternités ? Alors, nous serions de beaux dindons. Méfiance, méfiance ! Gardons les distances, Serrons les rangs. Et peut-être, pour écarter tout risque, le mieux serait-il, après tout, de déverser sur la tête de M. Staline quelques milliers de tonnes atomiques. » Ils sont là, je vous dis, les Bourgeois, dansant d'un pied sur l'autre, faisant risette, puis faisant grimace, et tout incapables de déci- der si les communistes sont encore des gars impossibles, comme ils étaient, ou s'ils sont devenus quelqu'un de bien, quelqu'un qui soit du côté du manche.

Mais non ! Rassurez-vous, Bourgeois... Les communistes ont bien fait le saut. Et ce qui vous trompe, c'est que vous les connaissiez mal, au temps de leur noblesse. Certes, j'avertis une fois pour toutes que, même quand je parle de ce temps de noblesse des communistes, qui fut le temps avant 1935, je ne pense pas aux chefs qui, déjà dans ce temps-là, savaient parfaitement qu'ils dupaient le prolétariat, qu'ils le faisaient tourner et virevolter pour le seul bénéfice de l'U.R.S.S., tout en lui faisant croire qu'ils le menaient à la conquête du Pain, de la Paix et de la Liberté. Quand je parle des communistes que j'ai aimés, je ne pense qu'à ceux de la base, qu'aux ouvriers qui croyaient se donner à une grande cause, et qui lui auraient tout donné. C'étaient de beaux camarades, qui visaient haut. Et il faut les avoir connus, les avoir aimés pour bien apprécier la profondeur de leur chute. Mais nous, qui étions la main dans la main avec eux, nous savons. N'ayez crainte, nous savons. Il est des chutes qui sont comme des damnations...

MACHINISME

Que c'était beau, pourtant, de placer l'Homme au-dessus de tout !... Nous avions dénoncé et crevé, avec les communistes, la duperie de la géante et barbare Production. Nous savions dire tout ce qu'elle coûte à l'homme, par l'asservissement du bras à la bielle, de la tête au moteur, et de tant d'orgueil à la mécanique. Nous demandions grâce pour les nerfs de l'individu, pour l'intelligence de l'espèce. Nous nous moquions bien qu'on produisît plus de choses, si ce devait être au prix de moins de pensée. Et nous partions en guerre contre les quarante-huit heures, contre le travail à la chaîne, contre le fordisme, contre la mécanisation de l'humanité.

Mais maintenant !... Maintenant, dans leur Russie, ils copient Ford, les communistes. Ils font de la mécanisation, du travail à la chaîne, de la rationalisation, tout comme des

Américains. Et c'est même en pire. Car ils ont réussi ce tour de force, qui a été de persuader l'ouvrier que, s'il s'abrutit ainsi, c'est pour l'Idée. C'est pour l'Idée, c'est pour le Parti, c'est pour la Révolution, maintenant, que l'ouvrier travaille cinquante heures par semaine, et comme ça pendant cinq ans, pour le Plan, et comme ça pendant cinq ans encore, pour le second Plan, et ainsi de suite jusqu'au jour où l'on crève. Vous pensez peut-être que, là-bas du moins, c'est pour lui-même que le prolétaire fait tout ce boulot. Pour se fabriquer de jolies maisons, pour se donner un peu de confort, pour vivre en joie, enfin... Mais non !... C'est pour équiper, c'est pour fortifier, c'est pour cuirasser, c'est pour armer le pays..,. Ce n'est point pour l'Homme... L'Homme, on y pensera plus tard, prolétaire. On te le jure, on y pensera pour tes petits-enfants. Mais, en attendant, il faut d'abord être forts, et par conséquent travailler dur, et marcher au pas, et se restreindre beaucoup. C'est pour l'Idée, qu'on te dit. C'est pour la Défense Nationale. C'est pour la Sainte Russie. Vas-y ! Sue ! Acharne-toi !... Tu vois, on te chante, pour t'aider, une chanson qui entraîne et qui exalte. La vieille chanson, à peine remaniée, qui toujours a couillonné les prolétaires, depuis le commencement...

MACHIAVÉLISME

Que c'était beau, aussi, de placer la Vérité au-dessus de tout !... Nous en avions une passion si haute et si furieuse que nous ne nous lassions pas, avec les communistes, de jeter toutes les évidences, même les pires à la face du monde. Nous avions une puissante volupté à étaler, comme sur une table, toutes les puanteurs des Guerres et des Victoires, à extraire, comme des intestins, les motifs cachés, les appétits de colonies, les envies de pétrole, et toutes les saletés que d'ordinaire on cache sous un drapeau, pudiquement. Ou encore, quand il y avait un scandale, et quand la vieille dame République mettait le doigt sur ses lèvres et faisait chut, en murmurant : « Attention, les enfants... Cachons tout ça... Lavons ça en famille... L'étranger nous regarde... », alors nous clamions, jusqu'au ciel, qu'il y avait un scandale, et que c'était une infection. Enfin nous ne placions rien plus haut que la fière liberté de lever la Vérité à bout de bras, de lui faire éclabousser de lumière, de morsures de flamme, tout le peuple des préjugés, des bassesses et des tyrannies qui ne prospèrent que dans des ténèbres et des mensonges savamment dosés.

Et maintenant ?... Maintenant, ce sont les communistes qui sont les grands pourvoyeurs des ténèbres. À eux la censure, à eux l'interdiction des journaux et des livres, à eux le dosage des vérités et des mensonges officiels. Dans leur Russie, c'est d'une brutale perfection. Il n'y a plus de poètes et de penseurs que les pauvres bougres qui acceptent de chanter en mesure, de penser au pas. Et le Parti dénonce, condamne et punit la moindre virgule hétérodoxe... En France, c'est plus subtil, eu égard à de vieilles traditions. Ils n'ont pu encore, à la faveur de la Libération, que supprimer ou bâillonner quelques centaines d'écrivains, pour le crime d'avoir écrit quand les Allemands étaient là. Et le grand Giono est dans le lot. Il laisse sa place à M. Aragon !... Mais l'entreprise va tout de même bon train. Ils ont réussi à faire dire et à faire imprimer un peu partout que quiconque n'est pas communiste ou sympathisant est un hitlérien, un « collaborateur » ou un ennemi du peuple, pour le moins. Ils ont un merveilleux talent pour déshonorer qui s'avise, de penser. Et c'est miracle comme, sous la menace, les

Académiciens balbutient, bégaient et finalement courbent le dos. Il n'est plus personne, dans ce pays, qui ose exprimer sa pensée toute, crue. D'ailleurs, qui le pourrait ? Ils tiennent la T.S.F., les journaux, l'administration de la presse, la répartition du papier. Qui n'est pas avec eux est sournoisement dépourvu, rapetissé, étouffé dans l'ombre. Ils ne manquent pas, non plus, d'autres moyens. Il court de bonnes histoires sur des prisonniers qui, revenant de Russie, voulaient crier ce qu'ils avaient vu, ce qu'ils avaient subi, et qui ont été terrifiés ou achetés, en un tour de main. Ou l'histoire, de cet autre qui avait un manuscrit sur les agissements de certains personnages dans les geôles allemandes, et qui a été rossé, dévalisé. Chacun craint pis encore, pour le jour où ils seraient les maîtres. Enfin le capitalisme, dans ses heures triomphantes, n'avait pas si bien écrasé le droit de dire...

TYRANNIES

Que c'était beau pourtant, de placer la Liberté au-dessus de tout !... Il faut même avouer qu'avec les communistes nous allions un peu loin. Peu nous souciait que notre liberté fût si bruyante qu'elle mît à vif les nerfs des Bourgeois, ou qu'elle fût si désordonnée, si convulsive, qu'elle mit cul par-dessus tête l'économie et les économistes. Nous n'y regardions pas de si près, Nous faisions des meetings, des défilés presque tous les dimanches. Nous faisions au passage, dans le boulevard Saint-Germain, fermer toutes les fenêtres terrorisées. Ou bien, quand ça nous prenait, nous faisions grève, nous arrêtions les trains, nous coupions le gaz et l'électricité, nous condamnions le beau monde à chuter du haut de la civilisation, du haut, de ses aises ouatées, rien que pour lui faire sentir un peu toute notre puissance par notre immobilité. Et nous discutions, et nous disputions, et nous faisions des partis, et nous faisions des scissions, et nous nous assommions les uns les autres de bon cœur. C'était cela, notre liberté. Une liberté d'hommes qui sont nature, qui ont plus de bon orgueil que de belles manières. Et nous étions prêts à pendre au réverbère le premier qui eût comploté contre cette liberté. S'il me souvient bien, nous sommes même partis en guerre parce qu'on nous avait dit que quelqu'un, de l'autre côté du Rhin, voulait dépouiller-le monde de cette liberté-là.

Et maintenant ?... Maintenant, il n'y a plus de droit de grève, dans leur Russie. Il n'y a plus qu'un syndicat, qu'un parti, qu'une presse, qu'une liste aux élections, et que le devoir, de gré ou de force, de ramper devant tout cela. Et il y a la Guépéou, et il y a les exécutions sommaires, et il y a quelques vingt millions d'hommes dans les camps de travail forcé, et il y a eu, en 1946, la déportation d'un million et demi des « citoyens » et des « citoyennes » de leurs « républiques » criméenne et tchétchène. Et il y a eu, et il y a encore d'incroyables carnavals de justice, où l'on torture, et où l'on déshonore, avant d'exterminer... En France, c'est plus long, mais c'est bien commencé. Tout le Parti est devenu, à la Libération, une gigantesque Guépéou. Ses militants ont été, tout ensemble, dénonciateurs, policiers, tourmenteurs, bourreaux, tenanciers des camps de concentration. Et il y a eu, pêle-mêle avec quelques milliers de vrais coupables, des centaines de milliers d'innocents à râler dans les coins ou à se ronger dans des puanteurs, tout simplement parce que les communistes avaient trouvé cette bonne occasion de s'en débarrasser. Et il y a eu des centaines de milliers de citoyens contre lesquels la justice ne pouvait rien, mais qu'on a pourtant déclarés indignes de voter, pour qu'ils ne votent pas contre les communistes. Et il y a eu surtout la farce des Cours de Justice où des jurés, choisis parmi les camarades les plus dociles et les plus haineux, condamnent au mot d'ordre, en ricanant des pauvres efforts de l'accusé et de son avocat. Dans le temps, il y avait au moins une Ligue des Droits de l'Homme pour élever une petite protestation. Mais ils ont embauché la Ligue des Droits de l'Homme, maintenant, et elle hurle avec eux ou bien, quand ils passent vraiment les bornes, elle étend sur eux, filialement, son grand manteau de silence et de piété.

LA PAIX

Et je me souviens de plus beau, de plus grand encore. De la paix, de toute la passion que nous en avions, de tout le don que nous lui faisions de notre temps, de notre peine, enfin de toute notre ténacité à la couver, à la protéger, à souffler dessus, comme sur un peu de flamme au bord de mourir... Si j'ai aimé les communistes, ce fut surtout pour la férocité joyeuse de leur lutte contre la guerre. Pendant quatorze ans, de 1921 à 1935, ils ont été comme un blasphème à la face des Patries, comme un crachat à la face des armées. Il fallait les entendre, quand ils engueulaient les diplomates, les marchands de canons, les nationalistes, et jusqu'aux socialistes convertis au devoir de la défense nationale. « Nous, qu'ils disaient, nous ne marchons pas. Pas un sou. Pas un homme. Nous ne voulons plus des gueules-de-vaches. Nous ne voulons, plus des canons. Nous ne voulons plus des fusils. À bas toutes les armes ! À bas tout le barda ! » Et Litvinov consternait les Importances, à Genève, en demandant le désarmement général. Puis, comme on ne les écoutait pas, les communistes menaçaient. Ils passaient à l'action. Ils devenaient épiques. « Nous la tuerons tout de même, votre guerre, qu'ils disaient. Nous pourrirons votre armée du dedans, par notre propagande, par nos cellules. Nous saboterons la fabrication de vos armements. Si vous mobilisez, nous ferons la grève générale. Et si vous osez déclarer la guerre, nous la transformerons en guerre civile, contre vous tous ! » Déjà, Marty faisait lever les crosses en l'air, sur la mer Noire. Doriot appelait les soldats du Maroc à la fraternisation, à la désertion. Et, quand on cherchait à leur faire honte, en leur rappelant les us, les coutumes, et surtout la Patrie, ils rigolaient.

« Nous, qu'ils disaient, nous ne connaissons pas ça. Les prolétaires n'ont pas de patrie. Et nous ne connaissons que les hommes. Vos cloisonnements, vos clôtures, vos petites bornes, nous nous asseyons dessus. Chez nous, c'est partout où des gars travaillent et souffrent. Celui-ci, qui travaille, c'est notre frère, même s'il est Allemand. Et celui-là, qui souffre, c'est notre frère, même s'il est nègre du Congo. Tous frères, que nous sommes. »

Ils disaient cela, les communistes. Et ça prenait les jeunes au ventre. C'était comme si le Christ était revenu, en salopette, et sans son air de fils à Bon Dieu. Et l'on dira ce qu'on voudra. Que c'était fou. Que c'était un rêve, étant donné le temps, étant donné les autres. Moi, je dis qu'après les lâchetés, qu'après les prudences, qu'après les habiletés, c'était enfin, crevant le silence, une voix qui exprimait la révolte des hommes. C'était comme la voix de toutes les bouches qui étaient mortes et de toutes les bouches qui n'avaient pas osé. Et c'était rugueux, rude et impérieux, comme il faut que soit une voix qui parle au nom de la vie...

ILS NOUS ONT « DONNÉS »

Et maintenant ?... Maintenant, si les Bourgeois ne sont pas rassurés, ils sont trop bêtes. L'essentiel, pour qu'on admît les communistes dans la bonne société, n'était-ce point, en effet, qu'ils eussent fait abjuration solennelle de leur antimilitarisme. de leur antipatriotisme, de leur pacifisme, de leurs objections de conscience, et qu'ils se fussent mis à deux genoux, bien dévotement, devant l'armée, devant l'Union Sacrée, devant l'autel de la Guerre Sainte ? Car tout est là. Qui dit armée dit moyen de faire taire les braillards, par des arguments matériels. Qui dit Union Sacrée dit moyen de faire honte aux mal pensants, et de les rendre muets par des arguments moraux. Et qui dit perspectives (habilement renouvelées) de Guerre Sainte dit le moyen d'avoir toujours une armée, pour la répression matérielle, et de ressusciter l'Union Sacrée au bon moment, pour la répression morale, Les trois se tiennent donc. Elles sont comme trois marches qu'il faut gravir une à une. Aussi ne peut-on entrer dans le temple de la Bourgeoisie, des Bonnes Mœurs et des Bonnes Sinécures si l'on n'a pas gravi ces trois marches sur les genoux et si l'on ne s'est pas arrêté pour baiser chacune d'elles, avec humilité. Or les communistes ont fait ces reptations, ces baisements. Que leur demanderait-on de plus ?

Vous doutez encore ? Vous vous demandez s'ils ne sont pas encore un tantinet défaitistes et pacifistes, tout au-dedans ? Vous n'avez pas assez de preuves, encore ? Eh bien ! je vais vous donner une dernière preuve, moi. Une preuve par neuf. Après cela, il n'y aura plus place pour douter. Et ma preuve, c'est qu'ils nous ont donnés. Je m'excuse de ce mot. C'est un mot du milieu. Il se dit de l'escarpe qui moucharde et qui livre les membres de sa bande, pour se mettre bien avec la police, avec l'ordre établi. Or les communistes nous ont donnés. Car nous étions bien de leur bande. Il y avait vingt ans que, dans notre bande, ils étaient même les grands patrons. Ils nous enseignaient toutes les ficelles du métier, comment on sabote, comment on se mutine, comment on déserte. Ils nous expliquaient même la philosophie de la chose, par exemple pourquoi il faut haïr les généraux, pourquoi il faut aimer les Allemands, pourquoi on se bat pour le capitalisme, pour l'impérialisme, quand on croit se battre pour le Droit, pour la Liberté. Ils nous avaient enfin tellement retournés, endoctrinés, entortillés que nous n'avions point d'hésitation, ni de remords, ni de peur, et que nous n'avions rien qu'une dure volonté d'hommes, la volonté de dire non à la guerre, quand elle viendrait, et de dire oui aux hommes, à tous les hommes qui pourraient venir. C'est l'Allemagne qui est venue. Et cela nous a donné un coup, bien sûr. Mais il n'y avait pas de raison de nous déjuger. Nous avions juré d'essayer de faire la paix, avec n'importe qui. Nous aurions ramassé la paix dans la boue, avec les dents, tant nous imaginions que c'était un diamant, après la leçon des communistes. Nous avons donc tenté de construire la paix avec les Allemands, tant que nous avons pu, tant qu'il n'est pas apparu, à l'évidence, que ce n'étaient pas les Allemands de Goethe que nous avions devant nous, mais la Guerre et la Gestapo. Les communistes, d'ailleurs, étaient encore avec nous. Ils ont été avec nous jusqu'en 1941, et ils nous répétaient la leçon, par tous leurs tracts, par tous leurs chuchotements.

Certes, d'autres ont bientôt été contre nous, du centre à la droite. Ils nous insultaient, ils nous accusaient de trahison, ils nous menaçaient des pires vengeances. Mais c'était dans l'ordre des choses. Les communistes nous avaient fait prévoir tout ça. Et nous savions que toujours les « gueules-de-vaches », les « capitalistes », les « impérialistes », « le sabre et le goupillon » se mettraient en travers, dès qu'il serait question de faire la paix. Nous avons donc continué, tant que nous avons pu. Et les communistes nous avaient, aussi, fait prévoir que ce serait dur, presque héroïque. Mais c'était encore plus dur qu'ils ne l'avaient dit. Les militaires, les policiers d'en face étaient comme une montagne de dédain et de brutalité, Nous n'avons pu gravir jusqu'à leur cœur, jusqu'à une hantise humaine qui fût aussi pure en eux qu'en nous. Ils nous ont déçus, découragés. Il nous a fallu renoncer à l'espoir, nous résigner à laisser faire la guerre, la regarder rouler sur le monde, dans l'impuissance et avec tout un goût de cendre dans la bouche. Il a fallu nous taire, nous terrer, comme tous les autres. Mais rien, pourtant, n'a cessé d'être dur. Car tous les autres nous gardaient rancune d'avoir rêvé, d'avoir tenté la paix, à l'époque de fer où il n'y a de gloire qu'à rêver et tenter l'horreur. C'était un crime d'avoir voulu la paix, pendant la guerre, bien que ce ne soit pas un crime de vouloir la guerre, pendant la paix. Ils continuaient donc à nous insulter, à nous menacer. Mais, tout au fond, nous étions assez tranquilles. Tranquilles dans notre conscience, bien sûr. Mais tranquilles aussi quant à notre sort futur. Nous imaginions, en effet, que, la paix revenue, les communistes nous expliqueraient, nous excuseraient, après nous avoir poussés, portés vers cette aventure. Ils diraient que les pacifistes, que les syndicalistes, leurs camarades, avaient été droits dans l'intention, qu'ils n'avaient pas trahi, qu'au contraire ils n'avaient été dévoyés que par leur volonté de ne pas trahir la paix qu'ils avaient jurée. Enfin ils seraient loyaux. Ils prendraient leurs responsabilités. Ils avoueraient, hautement, que c'était leur leçon, à eux, la leçon du marxisme, de Thorez, de Duclos, qui nous avait menés là... Que nous étions naïfs, mon Dieu, que nous étions niais ! Tout le plus dur était à venir... À la Libération, ce sont les communistes qui sont venus nous arrêter, nous torturer, nous mitrailler. Ils sont venus en hâte, avant tous les autres. Ils ont eu une incroyable hâte d'arriver les premiers, pour se blanchir, pour se dédouaner, pour se laver du passé avec des ruisseaux de nos larmes et de notre sang. Ils ont acheté l'amnistie de Thorez avec notre peau. Ils nous arrêtaient avant la police, ils nous emprisonnaient avant les geôliers, et, tournés vers les autres, ils disaient : « N'est-ce pas que nous sommes pour l'ordre, maintenant ? » Ils nous condamnaient avant les juges, et, tournés vers les autres, ils disaient :

« N'est-ce pas que nous sommes pour l'État, pour le Pouvoir et pour la Répression, maintenant ? » Ils nous fusillaient avant les soldats ; et ils disaient : « N'est-ce pas que nous sommes pour l'Armée, maintenant ? » Ils nous déshonoraient mieux que les autres, et ils disaient : « N'est-ce pas que nous sommes pour la Morale et pour la Patrie, maintenant ? » Et quand nous avons clamé, vers Thorez, vers ce grand chef de nos révoltes et de nos refus, Thorez a dit : « Je ne les connais pas. Moi, j'ai toujours combattu pour la Patrie. Au poteau, tous ces déserteurs ! » Et Marty a dit « Au poteau, tous ces mutins ! » Et Cachin, entre deux affiches, a dit : « Au poteau, ces collaborateurs ! »

Après ça, Bourgeois, il n'y a plus moyen de douter. Ils sont bien des vôtres, maintenant. De votre côté, du côté du sabre, du côté du manche... Vous ne pouvez tout de même pas imaginer que c'est pour rire qu'ils ont creusé tout ce fossé entre ce qu'ils étaient et ce qu'ils sont, entre eux et nous.

N'ayez crainte. Le fossé est à tout jamais. Ils n'ont point, pour le faire profond, ménagé leurs peines. Ils ont pu jeter dedans des milliers de cadavres, de cadavres qui avaient le visage de leurs camarades. Il n'y a plus rien à dire contre eux ... Hein, vous grognez encore ?... Qu'est-ce que vous dites entre les dents ?... Je crois qu'un Mauriac, là-bas, prend des airs dégoûtés. On dirait le grand-père noble quand la petite fille épouse un nouveau riche. Et je sais bien. Vous pensez, vous murmurez qu'ils sont un peu rudes, un peu sanguinaires. Je vous accorde que vous auriez peut-être été plus indulgents, plus délicats. Par exemple, vous n'aviez pas fusillé Caillaux, à la précédente dernière. Vous n'aimez pas être féroces quand vous pouvez vous en dispenser. Vous n'aimez pas les cris, les violences, le sang, du moins sous vos fenêtres. Vous êtes proprets. Vous êtes distingués. Et je suis sûr que, si vous aviez été seuls, vous auriez été à la fois plus élégants et plus mous, dans cette affaire d'épuration. Les communistes en ont rajouté. Vous n'auriez point tondu de jolies filles, ni brûlé les pieds, ni arraché les yeux, ni cassé du verre dans les vagins. Enfin, vous avez d'autres manières. Vous avez de la race. Vous avez de la branche... Mais ce n'est pas une raison pour ne pas reconnaître que les communistes n'ont fait tout ça que pour la défense de vos Sacrés Principes, que pour la Patrie, que pour l'Armée, que pour l'Honneur, que pour l'ordre établi. Ce n'est pas une raison pour ne pas reconnaître que leur revirement a été une bénédiction, à un moment où leur Russie et leurs cellules n'auraient eu qu'à ne pas bouger, ou qu'à s'entendre avec les Allemands, pour que tout votre monde capitaliste fût à bas, les reins cassés. Ce n'est pas une, raison pour ne pas reconnaître que c'est grâce aux détours et aux tournants des communistes que vous vous en êtes tirés avec un État qui a de l'autorité, avec une presse qui a de la discipline, avec un peuple qui a de la patience, avec deux ou trois régiments qui ont de la gloriole, et même avec le minimum de nationalisations. Tenez, je vais vous dire... Dans le fond, vous êtes jaloux. Ces novices, ces tout frais émoulus, vous font peur tout simplement parce qu'ils ont trop vite appris le jeu, tout simplement parce qu'ils jouent déjà des coudes, selon la règle, tout simplement parce qu'ils sont déjà plus habiles, plus forts que vous. Mais c'était à prévoir, rien qu'à vous regarder. Dans vos élégances, vous étiez trop maigres, trop anémiés, trop abâtardis, trop dégénérés. Vous aviez des manières. Mais vous n'aviez plus la main. Vous n'aviez plus de poigne. Vous faisiez une espèce de Réaction en dentelles, qui ne savait même plus être méchante. Pourvu qu'on vous laissât toucher vos dividendes, vous laissiez, en échange, liberté aux parlementaires de parler, aux écrivains d'écrire, aux penseurs de penser, et à l'opposition de s'opposer. Ce n'était plus de la Réaction. C'était du libéralisme. Et ça menait tout droit à la Révolution. Vous le sentiez, vous le saviez, mais vous n'étiez plus capables de réagir. Il fallait que tout versât, ou que quelqu'un de plus jeune, de plus vigoureux reprît les rênes. Eh bien, c'est fait, ou c'est près d'être fait. Car voici, pour mâter à nouveau les peuples, une équipe de mâles. Ils sont plus musculeux que vous, plus audacieux que vous, plus cruels que vous, plus menteurs que vous. Ils s'entendront, ils s'entendent mieux que vous à museler l'esprit, à censurer la presse, à stériliser les livres, à châtrer les élections, à terrifier les peuples, et enfin à mettre chacun à son rang, les valets au pinacle et les volontaires dans les camps de concentration... Allons, riez donc !... Applaudissez !... Vous redoutiez le Grand Soir. Et voici la Grande Réaction.

CHAPITRE XII

LA GRANDE RÉACTION

RÉACTION

Grande réaction... Que ce mot n'étonne point. Il n'en est pas d'autre qui convienne maintenant, quand on parle des communistes. Être réactionnaire, qu'est-ce donc, si ce n'est faire obstacle à ce qui est valeur, à ce qui va de l'avant ? Or rien au monde n'a de valeur que l'homme, que sa personne, que sa pensée, que sa liberté, que son orgueil, que sa vie. Parmi les choses mortes et les vivants mornes, il est le seul être qui soit toujours douteur, toujours malcontent, toujours porté vers autre chose qu'il rêve et qu'il veut meilleur que ce qui est. Et tous les réactionnaires, dans tous les temps, tyrans ou rois, inquisiteurs ou généraux, féodaux ou bourgeois, ont été ceux qui avaient la terreur ou la haine de cette impatience-là. Leur tentative a toujours été la même : instituer l'obédience à la place du doute, le silence à la place des voix, la masse à la place des individus. Toujours ils ont traqué, en tout homme, l'invincible ressource d'esprit, lui refusant instruction, lui refusant expression, et la réputant pour criminelle dès qu'elle inquiétait les hommes en place, le dogme officiel, l'ordre établi. Et toujours, tant l'entreprise était impossible, tant l'esprit renaissait et s'agitait partout, comme un feu follet, ils ont fini dans des rages monstrueuses, torturant et tuant les individus par milliers, dans le vain espoir que l'esprit, lui aussi, serait enfin un cadavre, dans tout le tas des autres. L'histoire est pleine de ces hideux recommencements. Néron copie Caïn, et l'Inquisition copie Néron, et Marat copie l'Inquisition, et Staline copie Marat, et Hitler copie Staline, et nos communistes copient Staline et Hitler tout à la fois...

Je ne m'étonne plus de ces recommencements. Je suis à l'âge où l'on comprend enfin que les hommes ne changent guère, d'une génération à l'autre, et qu'ils sont incroyablement pareils, d'un peuple à l'autre. Ce qui change, ce sont leurs moyens, leurs maisons, leurs machines, tout ce qui est en dehors d'eux. Mais rien ne change au dedans, ni le bas, ni le haut. Et il reviendra donc des Réactions et des Pouvoirs, par les lâchetés qui reviendront, et contre l'immortel esprit qui, lui aussi, reviendra. J'avoue aussi que je ne crois plus qu'une Révolution puisse nous libérer, tout à fait et à tout jamais, des Réactions et des Pouvoirs. J'ai même compris que, c'est un piège mortel que la tentation de ces chambardements. C'est un piège où l'on prend les jeunes, qui n'ont pas encore cessé d'aimer les, contes, d'attendre des miracles. Ils voient trop tard que les révolutions que l'on fait contre les réactions présentes finissent toujours par amener des réactions plus féroces et plus étouffantes encore. Pourtant ce n'est point difficile à comprendre... Il faut seulement comprendre qu'à chaque fois que les hommes se jettent en masse dans de grands mouvements, comme la révolution ou la guerre, leur défiance les quitte, que, dans l'énorme agitation des foules, ils sont pris par des passions bouleversantes, par des fièvres d'enthousiasme ou de haine qui les aveuglent et qui les disposent à croire, à suivre le premier démagogue qui passe. D'autre part, il faut bien que quelqu'un commande, et ferme, pour conduire ces masses, pour les jeter en ordre sur l'ennemi, pour les mener à la victoire. Tous en conviennent et, du coup, tous sont pris. Enfin, quand c'est fini, quand on a renversé les Bastilles, chassé les tyrans, vaincu l'étranger, il y a tant de morts, qui avaient été les plus jeunes et les plus courageux, et tant d'éclopés, et tant d'hommes las, avides seulement de repos, que le nouveau Pouvoir n'a aucune peine à s'installer, à se fortifier, à se faire un roi. C'est ainsi que notre révolution a engendré l'Empire, que la révolution de Lénine a engendré le tsarisme de Staline et que la dernière guerre, à son tour, engendre par toute l'Europe, dans la décimation et la misère des peuples, le despotisme des communistes.

Je prévois donc, je, vois, dans les années qui viennent, toute une, ruée de Réaction, qui va battre aux portes de l'humanité. Le national-socialisme, le fascisme n'ont été qu'une avant- garde, partie trop tôt, et mal équipée pour les temps modernes. Ils ramenaient une Réaction trop usée, trop vermoulue, dont l'essentiel était la Nation, la Patrie, vieilles dorures qui s'en vont. Le communisme fera mieux. Il est plus moderne, plus souple, plus madré. Il sait à merveille déformer les choses et les mots, et il explique, par exemple, qu'être réactionnaire, c'est tout simplement penser à autre chose qu'à donner aux ouvriers de quoi remplir leur ventre. D'où il conclut, avec une tranquille au- dace, qu'est réactionnaire quiconque, de l'autre côté, croit à l'esprit à l'individu, à n'importe quoi oui soit au-dessus de la matière ou de la « masse ». C'est aussi simple que cela. Et il faudra du temps pour que les hommes se reprennent, pour qu'ils comprennent tout ce qu'il y a de mépris pour leur humanité dans une propagande qui tend à les rabaisser, à les borner à des revendications de salaire et d'horaire, pour qu'ils aperçoivent enfin, derrière cette propagande, toute la réalité de la Réaction revenue, à peine masquée par un paternalisme vulgaire, et toujours aussi ardente à écraser, dans l'homme, le cœur, la tête, tout ce qui dépasse le ventre et le bas-ventre. Mais on comprendra bien. On commence déjà à comprendre. Koestler, à lui tout seul, a battu, ébranlé le rempart de mensonge, et crevé un trou énorme, par où se voient des horreurs. Hors du cercle empoisonné de l'Europe et de l'Asie, partout on sonne l'alerte, partout dans la libre Amérique, partout où la race blanche a des colonies d'orgueil et de foi. Même à l'intérieur du cercle, même dans les nations bolchevisées, on devine que déjà des bouches mordent les bâillons, que des muscles tirent sur les chaînes, que tout un réveil se fait, dans une infinie stupeur. Et il va renaître, il renaît une opposition. L'esprit recommencera, selon sa méthode éternelle, la besogne qui revient toujours, et qui est de grignoter, de creuser patiemment, sous les pieds de la tyrannie, comme des galeries de doute, de chuchotement, d'obscure conspiration, sur quoi la géante, un jour, titubera.

L'ÉTAT ET L'INDIVIDU

Par les débuts, par tous les signes, je devine d'ailleurs ce que sera la lutte, et entre quelles idées, entre quelles religions elle sera. Il n'est point caché que les communistes ont emprunté à l'Allemagne, où leur socialisme est né, et à la Russie, où il a grandi, toute une religion de l'État, faite de prussianisme et de tsarisme mélangés. Sur ce point, ils n'ont rien inventé. La religion de l'État a déjà quelques siècles. Elle a déjà eu beaucoup de grands prêtres, de Louis XIV à Bonaparte de Bismarck à Hitler, en passant par tous les Père Ubu. À mon idée, c'est la dernière-née des religions. Et l'État est le dernier des êtres imaginaires qui ont servi de prétexte à tyranniser, à torturer et à tuer les hommes. Jadis, c'était au nom des dieux dans le ciel qu'on matait les individus, qu'on soumettait leurs corps à des rites et leurs esprits à des dogmes, qu'on les suppliciait pour le crime de penser, qu'on les jetait en croisade les uns contre les autres, chrétiens contre musulmans, catholiques contre protestants. Mais, aujourd'hui, les religions ont bien perdu de leur mordant. Elles ne sont plus guère, dans notre Europe, que des coutumes de bonne compagnie. Et, de leur dégénérescence, je vois deux preuves qui ne, trompent pas. La première est qu'on ne voit plus d'artistes, d'artisans qui soient capables, comme au Moyen-Âge, de tirer d'une foi vivante le miracle de nouvelles cathédrales. La seconde est que les fidèles ne sont plus capables de souffrir le martyre pour leur religion. De notre temps, on meurt pour une Patrie, pour un Parti. Il n'est plus question de mourir pour la divinité. Et les dieux du ciel sont morts, depuis que les fidèles ne meurent plus pour les faire vivre. Mais nous ne manquons pourtant point de dieux. Les dieux du ciel ont seulement cédé la place au dieu terrestre, qui est l'État. Et celui-ci est aussi toute une Trinité. Il est la Patrie, quand il s'agit de tirer des fidèles les délires par quoi ils partent à haïr, à piller, à tuer et se faire tuer. Il est la Nation, quand il s'agit de faire oublier aux fidèles qu'ils sont chacun une personne à part, et de les convaincre que ce qu'ils sont tous ensemble, par les hasards de nature, par la race, par la langue, par un petit héritage indivis, vaut que chacun sacrifie ce qu'il se promettait de lui-même, à force de scrupule et de liberté. Mais le plus important, dans la Trinité, c'est l'État proprement dit. L'État, c'est le Père. Il a, comme le Père de la trinité catholique, la figure d'un Jupiter trônant et tonnant qui porte, avec une dignité lointaine, toute l'autorité et tous les secrets du monde. Il est très loin. Il est très haut. Il n'est pas tendre et facile comme la Patrie, qu'on imagine comme une femme un peu trouble, mêlée de mère et d'amante, et avec laquelle on a l'impression d'avoir couché avant de mourir pour elle, comme il se doit. Il n'est pas, non plus, familier et fraternel comme la Nation qui, à tout prendre, est quelque chose qu'on coudoie dans la rue, qu'on entend dans les bistrots, qu'on voit du train, dans des passants qui ressemblent à de petits cousins, dans des voix qui font des mots qu'on comprend, dans des campagnes qui, tout le long, ont un air de « chez nous ». Non. L'État est autrement distant, autrement austère, autre- ment mystérieux. C'est, à des altitudes secrètes, une puissance très retirée, dont on sait seulement qu'elle est là, à méditer sur la poussière des individus, à peser leurs mérites et leurs indignités, à fixer leurs devoirs, à trancher leurs destins, et de laquelle viennent, de temps en temps, des personnages qui ont une mine de sapience et qui portent des décrets, des bénédictions ou des malédictions.

Certes, du temps de nos rois, l'État avait la réputation d'être l'émanation et la descendance de la divinité. Et nos communistes refuseraient vertueusement, pour leurs Soviets, cette filiation bondieusarde et bien-pensante. Mais, tout athées qu'ils soient, ils n'ont pas, dans le fond, beaucoup changé les choses, Si leur Staline n'est pas tsar par droit divin, il est pourtant expliqué par le Parti et confirmé par la Guépéou que tous les sujets doivent lui reconnaître l'infaillibilité, l'omniscience et l'omnipotence qui sont nécessairement les attributs du surhomme en qui le prophète Marx et le héros Lénine revivent simultanément, Et les conséquences ne sont, pas neuves. L'État se gonfle, se hausse, s'enveloppe de menaces et de nuées. Il siège sur les peuples comme Jéhovah sur le Sinaï, il entreprend de catéchiser les citoyens, de les réglementer dans l'âme. Le Parti des fidèles se répand sur la nation, tracassier et intransigeant comme un clergé. L'administration prolifère, grouille, glisse, écoute aux portes, note les paroles, enregistre les silences, épie les écrivains par-dessus leur épaule, espionne les électeurs du dedans des urnes. L'enfant est enregistré dès le sevrage, l'adolescent est endoctriné dès la puberté, le citoyen est interrogé, informé, instruit, conseillé, surveillé, dirigé, corrigé, repris, redressé, morigéné, moralisé, amélioré, ahuri jusqu'à la mort. L'individu n'a plus rien à soi. L'État lui prend son esprit, au nom du Parti. Et l'État lui prend aussi son corps, ses biens, son droit, au nom du Progrès. Le salaire est tarifé, la technique codifiée, le travail mécanisé, le rendement fixé, le produit contrôlé, l'initiative interdite, la propriété collectivisée, les repas partagés, les loisirs socialisés, et tous les commerces et toutes les industries, et tous les labours, et tous les chantiers monopolisés, étatisés, nationalisés, uniformisés, enregistrés, standardisés, humiliés, mortifiés. Encore faut-il que chacun, tout écrasé et aplati qu'il soit dans l'âme, applaudisse, acclame, adore tout cela, qu'il tire de sa stupeur, de son désespoir, l'apparence gesticulante d'une adhésion libre, d'un enthousiasme venu des profondeurs. Car personne n'a le droit de se taire, de se renfrogner, de s'attrister. La police traque les tièdes, et les emprisonne ou les supprime, avant qu'ils soient devenus des opposants. Et même ces abominations, même le sang, il faut, si l'on tient à ce qui reste de soi, faire semblant de les approuver, de les aimer, de les vouloir comme de saints sacrifices, comme de pieux holocaustes qui sont dus à l'État-Dieu.

Telle est la Réaction. Et telle elle fut toujours. Du moins tel est son premier aspect. L'État. L'État qui se croit, qui pontifie, qui fait l'Important. L'État qui se prétend, en valeur, très au-dessus de l'individu, qui le foule aux pieds, qui le traite comme la boue du chemin... Et, contre cet État, l'opposition sera encore, dans tous les coins, comme une coalition de toutes les mauvaises volontés, de tous les mépris, de toutes les moqueries, de tous les ricanements. En sera tout ce qui fut, tout ce qui est individualiste, libéral, républicain, radical et même anarchiste. L'état-major de la S. F. I. O. n'en sera pas, car il a une rare habileté à faire des raisonnements impeccables qui toujours le conduisent à des reniements. Mais partout les socialistes en seront, par pieux souvenir des fiertés syndicales, par robuste attachement à la vieille doctrine du socialisme français. Les catholiques aussi en seront, l'Église par crainte de la concurrence, le peuple des fidèles par réminiscence du Dieu-Esprit, par terreur d'une marée de matière, par l'horreur d'un incroyable abaissement. Mais j'avertis que, cette fois, il faudra, contre une Réaction extrême, aller jusqu'à l'extrême de l'opposition. Il faudra oser penser et oser dire ce qui couve dans quelques esprits. Et ce qu'il faudra dire, c'est que l'État n'est rien. Qu'il n'y a rien sur la montagne, malgré le tonnerre et la nuée. Ou du moins qu'il n'y a rien qui vaille. Car ce qui vaut, c'est un individu, Pierre ou Paul, avec sa tête à lui, avec ses mains à lui, avec son humeur à lui, avec son esprit comme tout le monde. Un tel être existe, il pèse, il vous heurte dans la rue de toute une solidité réelle. Et il peut, quand il veut, faire des paroles, des actions, des pensées qui sont, à chaque fois, comme des miracles, tant chacune est inattendue et inimitable, étant à la ressemblance d'un individu qui est tout seul à être comme il est. Enfin le vrai dieu n'est pas en haut du Sinaï, où trônent d'abstraites Importances. Il est tout au bas, où travaillent des individus concrets. Et il n'y a pas d'État au monde qui ait jamais eu de mots d'esprit, ou de belles mains qui façonnent le marbre, ou une bouche qui enfante des rythmes pour les temps à venir. Ce n'est pas possible. Car l'État n'a pas de chair, ni de sang, ni de caractère, ni de cœur à soi, de quoi puissent se nourrir des Actes. C'est du désincarné, c'est du désossé. C'est comme un peu de fumée que nous aurions faite avec nos pipes et qu'au bord de dormir nous prendrions pour une existence. C'est quelque chose qui ne flotte sur nous qu'autant que nous l'avons voulu. Et nous pourrions supprimer l'État, rien qu'en nous arrêtant d'obéir, comme nous supprimons la fumée, en arrêtant nos pipes, à volonté. Ou du moins l'État n'est que parce que nous avons voulu, que parce que nous continuons à vouloir, entre nous, que quelques pauvres bougres, qui ne pouvaient sans doute faire mieux, soient payés pour faire des besognes qui ne nous plaisent guère, comme faire le ménage et mettre de, l'ordre dans la maison commune. Si l'on veut, l'État est donc un peu plus qu'une fumée. C'est une convention que nous avons faite. Mais, bon Dieu, elle exagère, la convention ! Voici qu'elle se prend pour notre conscience maintenant ! Et il va falloir rappeler quelques vérités élémentaires. À savoir que nous n'avons pas donné existence à l'État pour qu'il empoisonne la nôtre. Que d'ailleurs l'État n'a de compétence que pour ce qui est force ou besogne matérielle, comme poster la police, maintenir l'ordre, réparer les routes, enlever les poubelles, curer les égouts et pourvoir à tous les petits besoins. Qu'il est merveilleusement impropre à sentir ce qui est beau, à juger de ce qui est vrai, à peser ce qui est bien. Que ce n'est pas son affaire. Que ce n'est pas l'affaire d'huissiers à chaîne, de fonctionnaires qui ne pensent qu'à leur traitement, de parlementaires qui ne se soucient que de leur réélection, de ministres qui ne sont préoccupés que de leur portefeuille. Qu'en outre il n'est pas d'État qui n'aime mieux, dans les citoyens, beaucoup de crainte qu'un peu de vertu, car la vertu est d'un genre curieux et rebelle, qui dérange l'ordre établi. Qu'en conséquence il n'est point d'État qui ne soit menteur, par peur des gens de bien. Et qu'enfin c'est une dérision quand ce balourd se croit apte à gouverner les penseurs, les savants, les poètes, les journalistes et tout ce qu'il y a d'esprit dans tout homme, comme il fait manœuvrer ses douaniers et ses policiers à gros clous. Ces choses-là sont simples. Je crois même qu'elles sont très actuelles. Car, depuis 1940, l'État a tant contrôlé, tant réglementé, tant nationalisé, il a tant agacé, tant tracassé, tant obsédé, et il a été si impuissant, si piteux, si failli, qu'il n'est plus guère de citoyen, en France, qui ne soit au fond, bien convaincu de son incapacité et de son imbécillité. Et nous sommes donc comme au bord d'un temps où, de toutes parts, on entendra crier : « À la niche, l'État ! Assez de tes pattes sur la table ! Assez de ton nez dans toutes les assiettes ! Assez de voler dans le garde-manger ! Assez de faire peur aux enfants ! Assez de salir les livres ! Assez d'entrer, d'aboyer partout ! À la porte, ce pataud ! Et qu'il se contente d'écarter les rôdeurs... C'est bien suffisant... »

LA MASSE ET LE MOI

À vrai dire, depuis le XVIII° siècle déjà, il y avait des voix, un peu partout, qui criaient tout cela. On a pu croire, un temps, que l'État reculait, qu'il perdait pied. Il s'était découronné de la royauté. Il s'était séparé de l'Église. Il s'était réduit, peu à peu, à une petite ration de fonctions bassement domestiques. Et le pli semblait pris. Toutes les Restaurations rataient, tournaient court, basculaient dans le ridicule. Nous avons eu, de 1875 à 1914, des années incomparables pendant lesquelles l'individu a prospéré superbement, disant, écrivant, disputant, blasphémant, commerçant, entreprenant, créant selon ses goûts et son génie. La guerre de 1914 à 1918 n'a même pas pu nous faire chuter de cette liberté. En France du moins, nous avons recommencé, dès l'armistice, à penser, à politiquer, à pérorer à têtes et à bouches libres, Pourtant, déjà des nuages s'accumulaient à l'Est. Car l'État n'avait cédé du terrain que pour refaire ses forces, que pour forger des armes meilleures et plus modernes. C'est en, Allemagne qu'il s'était retiré, en Allemagne qui est son terrier et sa forteresse. Et on l'entendait, par-dessus les frontières, qui travaillait à fabriquer des arguments, à modeler des idées, à aiguiser toute une panoplie d'idéaux. Mais il a été rusé. L'heure venue, il a lancé à l'attaque tout un escadron à croix gammée, dans une fureur et dans un tintamarre, si terrifiants que nous avons cru que c'était la grande bataille, à laquelle il fallait donner son âme et sa peau. Or ce n'était qu'une feinte, qu'un moyen de nous fatiguer. L'État tenait en réserve une armée beaucoup plus redoutable, l'armée de la faucille et du marteau, qui avait été conçue en Allemagne, du mariage de Marx et de Bismarck, et qui avait été préparée et entraînée en Russie, selon les traditions du tsarisme. Cette armée, que tout le bruit fait par le national-socialisme nous avait cachée, s'est partout insinuée, pendant le combat. Elle a pris place aux meilleurs postes, avec des armes que nous n'avions pas prévues avec des V 1 de propagande, avec des V 2 de duplicité. Elle est là, immense, mystérieuse, qui cerne l'esprit des hommes libres.

Et c'est elle qui apporte la Grande Réaction. Car le bolchevisme est fort. L'histoire ne lui contestera pas l'honneur d'avoir, au XX° siècle, enfin inventé le cérémonial et les dogmes qui manquaient. Il a trouvé, pour rhabiller et réhabiliter l'État, des mots inouïs, des uniformes neufs, des vanités exceptionnelles. Il présente l'État, maintenant, comme l'État du peuple, comme l'État de la classe sociale, comme l'État des masses. Peuple, classe, masses, tels sont les nouveaux fétiches. Et il était temps. Car l'individu se déprenait d'un État qui n'avait d'autre prestige que celui d'être la Nation et la Patrie. Il ne se reconnaissait plus dans ces antiques divinités là. Il comprenait qu'elles ne lui demandaient d'obéir, de s'appauvrir, de se faire tuer que pour des vieilleries, que pour des intérêts qui n'étaient pas les siens, que pour des glorioles qui ne tournaient pas à sa gloire. Enfin il devenait disputeur, rouspéteur et même réfractaire un peu. Mais c'est fini. Voici venir un État qui a tout ce qu'il faut pour séduire et abrutir les hommes, une autre fois.

« Car cet État, disent les bolchevistes, ce ne sera plus rien qui se distingue de vous, rien qui plane au-dessus de vous, rien qui claque au-dessus de vous, comme un bâtard de drapeau et de fouet. Non. L'État, ce sera vous-mêmes. Ses intérêts seront vos intérêts. Sa richesse sera votre richesse. Et ses volontés seront vos volontés. » On dirait vraiment, à les entendre, qu'ils parlent comme J.J. Rousseau. Mais il ne faut pas s'y tromper. Il ne faut pas, par exemple, que les individus imaginent qu'un tel État sera plus respectueux de leurs personnes que les anciennes royautés. L'individu, à nouveau, sera comme le grain sous la meule. Car l'État bolcheviste sera l'État des « masses ». Telle est la ruse. L'État ne représentera que les hommes en gros, que les hommes en tas. Il ne fera pas de détail. Et il sera bien entendu qu'à la masse, qu'à la classe, qu'au peuple, l'individu devra se sacrifier, corps et esprit. Il ne devra plus se distinguer, faire bande à part, se faire de petites idées à soi. Ou bien il sera accusé de vouloir, tout seul et tout chétif, s'insurger contre tous, de retomber dans l'égoïsme bourgeois d'avoir la cupidité de se faire une existence personnelle, qui serait volée à la masse, à la classe, au tas des autres. Et il n'y aura presque rien à répondre. Si tu veux penser par toi-même, on ne te dira pas, bien sûr, que tu offenses la divinité. Car l'État sera athée. Mais on te dira bien pire. On te dira qu'en pensant tout seul, tu désertes le peuple de tes frères, que tu affaiblis la force de son unanimité, que tu sers, en le divisant, ses pires adversaires, le fascisme, le capitalisme, la réaction. On essaiera de t'attendrir en te faisant souvenir de l'ivresse puissante qu'on éprouve à ne pas se donner la peine de penser par soi et à se contenter d'être d'accord avec les autres, d'aimer comme ils aiment, d'applaudir comme ils applaudissent et de gueuler comme ils gueulent. Et si tu ne te rends pas, si tu persistes à vouloir être quelqu'un qui ne soit pas comme tout le monde, alors à toi la prison, la déportation ou la balle dans la nuque. Car cet État sera dur. Il est déjà, en Russie, le plus dur qu'on ait jamais connu. Il peut se permettre des cruautés que les despotes, dans d'autres âges, n'auraient pas osées, tant leur pouvoir était précaire et tant ils auraient eu peur d'exaspérer des rébellions partout diffuses. Mais que redouterait donc un État qui a inspiré aux foules la croyance fanatique qu'il est leur incarnation vivante, qu'il n'est que leur geste et leur voix, qu'il ne fait rien qu'elles n'aient obscurément voulu et que tout ce qu'il fait, le meilleur et le pire, il ne le fait que pour leur bien, que pour leur cause, que pour leur victoire ? Quels ménagements prendrait un État qui, ayant pour maxime de ne jamais avoir affaire à des individus qui méditent et qui doutent, ne se présente que devant des foules enivrées de leur nombre et d'une espèce de complicité énorme, qui sait comment on fait délirer ces masses de muscles et d'émotions, qui connaît les techniques de théâtre par lesquelles, comme dans un cirque romain, on peut arracher à la forêt des bras le geste qui condamne, et au troupeau des bouches le hurlement immense qui consent à la guerre, aux jeux mortels, à toutes les servitudes ? Un tel État est plus qu'un Dieu. Il peut asservir, censurer, torturer, emprisonner, exterminer à volonté. Il lui suffit que toutes précautions soient prises pour que, dans la nation, il y ait des « masses » et qu'il n'y ait plus d'individus. Et il y parvient par deux organes, qui sont le Parti et la Police. Le Parti, par sa propagande, par ses affiches, par ses meetings, par ses journaux, par sa radio, par les nouvelles, judicieusement multipliées, de complots contre le peuple et de menaces contre l'État, fait en sorte que les citoyens soient constamment tenus en haleine, enfiévrés, surexcités, jetés hors de leur jugement, et, aussi souvent qu'il le faut, replongés dans les démences que provoquent leur rassemblement et leur entassement. La Police, de son côté, guette, et, dès qu'un individu paraît renaître avec toute sa fermentation de jugement, elle l'escamote de la scène aussitôt, elle l'enferme ou le supprime, pour que sa contagion ne fasse pas gagner tout alentour, le mal d'esprit. Tel est l'État nouveau. L'État des masses. L'État qu'ils ont déjà en Russie, depuis des années. Et l'État qui, en France, est déjà sur nous.

L'avouerai-je ? À ce point de mes pensées, j'hésite un peu. Car cet État monstrueux se dit une république. Il se dit l'État de tous, l'État des ouvriers, l'État du peuple, L'État de tous ceux qui sont mes pareils et mes camarades. Mais ce n'est pas vrai. Il ne faut pas que j'hésite. Il faut que je crève ce mensonge. Car une république de la masse, c'est un mensonge rien que dans les mots. N'est républicain que le régime qui représente ce qui est le plus haut dans les hommes, c'est-à-dire leurs volontés. Or il n'y a de volonté mûrie et réelle que dans un individu qui l'a, à loisir, retournée en son esprit. Il peut y avoir, ainsi, une multitude de volontés, dans Paul, dans Jacques, dans Pierre, dans tous les autres individus. Mais chacune n'est réelle qu'autant qu'elle est singulière et ruminée par une personne en chair et en os. La volonté des masses, ça n'existe pas. Ou plutôt c'est le contraire de toutes les volontés. Pour que la masse veuille quelque chose d'unique, dans son ensemble, dans son tas, il faut en effet que chaque individu, dans cette masse, ait renoncé à être lui-même, à vouloir par lui-même, d'une volonté concrète qui ait avec sa nature, avec sa personne, un petit air de parenté. Autrement dit, vouloir en masse suppose que chacun renonce à vouloir en particulier. Mais pourquoi vais-je chercher si loin ? C'est beaucoup plus simple. À la vérité, une masse d'hommes n'a pas dé-volonté du tout. Elle n'a que des mouvements, que des paniques, que des colères, que des sursauts venus du bas. Être pris dans la masse, comme on l'est dans un défilé ou dans un meeting, c'est, inexplicablement, comme si on se vidait du meilleur de soi. C'est ne plus avoir de liberté de mouvement, ni de liberté de jugement. L'esprit est pris comme le corps. Dans le défilé, quand on est tout seul dans le fleuve des cent mille, il n'y a plus moyen de reculer, de s'arrêter, de faire à droite ou à gauche. Il faut suivre, sous peine d'être heurté, renversé, piétiné. Or il en est de même pour l'esprit. Dans un meeting, par exemple, l'esprit est, lui aussi, à la dérive. Il est comme porté, emporté par une mer de rumeurs et d'acclamations. Il ne peut résister, rester froid. Dans ce tassement des hommes et dans cet entassement des émotions, les individus, malgré eux, sont saisis par l'imitation délirante de l'homme par l'homme. Tous tombent au plus bas. À la horde. À l'espèce nue. À la joie primitive d'être ensemble. À la volupté grossière de crier, de s'agiter ensemble, et de crier et de s'agiter n'importe comment, car l'énormité de l'action se suffit. Il vient même un moment où comprendre n'a plus d'importance, où de confiance on approuve celui qui parle et ceux qui écoutent, et où enfin on se contente d'une complicité abstraite, bruyante et joyeuse. Et c'est pourquoi rien n'est plus facile à mener que des masses. Il n'y faut point de raisonnement en forme. Au contraire il faut se placer au niveau le plus bas ; au niveau des sots, qui sont légion ; et au niveau du raisonnement général, que provoque le troupeau. Les communistes savent bien cela. Et toute leur technique est de changer les hommes en des masses. Tout le reste va de soi, ensuite, par la similitude des structures et par l'écho infini de la foule sur elle-même. Tout va de soi, car la masse prend les individus comme une nasse. Ils n'ont plus de jugement, ils n'ont plus de scrupule. Ils ne sont plus que de simples organes dans un grand corps en tumulte, et qui est si abêti par son gigantisme qu'on peut le mener avec des mots, avec des promesses ou avec la menace du knout. Telle est la masse. Et si, avec ça, on prétend faire une république, on se moque du monde. Avec ça, on rabaisse, on ravale l'homme. Et moi, je dis que c'est insulter des hommes que, de leur dire qu'ils sont une masse. Je dis que c'est les déshonorer que de les amener, par des moyens de foire, à n'être plus que ce tas et à en avoir de l'orgueil. Ce mot de masse me fait penser à quelque chose de vil, de vide et de mort. C'est le mot qu'emploient les physiciens en parlant des corps sans âme, qui n'ont que cela. Ce n'est pas un mot pour des humains. Et, pendant que j'y suis, j'en dirai autant du mot classe, et même du mot peuple. J'y vois encore de maîtres mots pour attraper les hommes. Certes, je suis bien d'une classe sociale, en un sens, et même je suis un vieux syndiqué. Mais je me refuse à me soumettre à je sais quelle pensée moyenne, sous le prétexte que c'est, en gros, la pensée de ma classe, où la pensée que des habiles à parler lui ont suggérée. Je prétends penser tout seul, bien ou mal. Et je ne suis pas traître à ma classe, pour cela. Au contraire, j'ai idée que le meilleur service que je puisse lui rendre est de former des pensées neuves, autant que je puis, et de faire effort pour sortir et la faire sortir de la grisaille d'une moyenne. Je suis bien aussi de mon peuple en un sens. Mais ce n'est pas une raison pour me châtrer l'âme, pour me condamner, toute ma vie durant, à n'avoir que les petits préjugés, que les petits orgueils, que les petites jactances, ou bien que les grandes haines et les grandes folies en quoi se résume, pour tant d'hommes, l'honneur d'appartenir à un peuple, à une nation. Et si je puis inventer de quoi dépasser mon peuple, de quoi tendre, par-dessus lui, la main aux autres peuples, j'ai aussi idée que je le dois. Enfin, je suis un moi. Qui veut me faire honte d'avoir d'autres idées que la masse, celui-là est mon ennemi. Il en veut à ce que j'ai de plus précieux, à mon pouvoir d'être autre chose qu'un matricule. Et je tiens pour mon ami, au contraire, celui qui a du respect pour ce pouvoir singulier, pour ce pouvoir que j'ai de le contredire, de le réfuter et même de le défier. Je devine que le premier voudrait être mon maître. Et c'est le second qui est un républicain. Car il n'y a de république qu'autant qu'on autorise et qu'on incite les hommes à avoir chacun une pensée et une volonté personnelles, que chacun puisse former dans la paix et dans le secret, et qu'autant qu'on renonce à jeter les individus hors d'eux-mêmes, en les mêlant à des multitudes et à des agitations bouleversantes. Une république se fait avec des moi, et non avec des masses.

LES IDÉAUX ET LES HOMMES

Mais je ne suis pas encore au bout. J'ai encore à dénoncer, dans le bolchevisme, un autre artifice. Celui-là n'est pas neuf. C'est l'artifice de l'Idéal. J'y ai été pris, comme tout le monde, quand j'étais jeune. J'ai été, moi aussi, idolâtre ou idéolâtre, comme on voudra. Et j'étais prêt à me faire tuer, et à tuer, pour des idées. Pour un Idéal. Car c'est ainsi, depuis qu'il y a des hommes, qu'on les mène en guerre les uns contre les autres, qu'on tes convainc de se haïr, de se pourchasser, de se faire du mal, de s'assassiner, comme si vraiment l'espèce humaine était une chose de rien. Il faut, évidemment, pour que les hommes en viennent là, qu'ils aient été persuadés qu'il y a, au-dessus de leur espèce, quelque chose qui vaille mieux, et à quoi il soit bon de sacrifier leurs semblables. Car un homme, de sang-froid, ne tue point un autre homme pour une bagatelle, comme il tuerait un chien. Il comprend, confusément, qu'un autre homme est bien au-dessus d'un chien. Il a donc fallu, pour amener les hommes à traiter d'autres hommes comme des chiens, leur donner l'idée qu'il y avait quelque chose par rapport à quoi ces autres hommes fussent comme des chiens. Au début, ce quelque chose a été Dieu. Et c'est encore en nous comparant à leur dieu que les Arabes nous traitent de « chiens de roumis ». C'est au nom de leurs dieux que Mahométans et Chrétiens, que Catholiques et Protestants se sont interminablement cabossés et étripaillés. Mais maintenant les dieux sont morts, comme j'ai dit. Ou très moribonds. Enfin hors d'état de nuire. Il fallait trouver autre chose, pour convaincre à nouveau les hommes que d'un certain point de vue les autres hommes sont comme des chiens. Et on a trouvé l'Idéal, qui est comme un dieu défroqué. Ou l'Idée, comme on dit encore. Du coup, c'est pour des Idées que les hommes, désormais, tuent et se font tuer. On leur a persuadé que l'Idée est bien au-dessus de l'homme. Et, à première vue, il y a apparence que l'Idée ait bien cette majesté. Car l'homme est commun, souvent bête, et toujours passager, tandis que l'Idée semble être la quintessence de l'espèce, meilleure que l'individu, plus pure que lui, plus durable que lui. Il peut être soutenu que l'Idée du Droit est plus respectable que les plaideurs et même que les juges. Ou bien on peut penser que l'Idée de la Liberté est à des lieues au-dessus des hommes qui se disent libres. Sur quoi, évidemment, on n'aura pas de remords à faire tuer les hommes libres pour l'Idée de la Liberté. Depuis le XVIII° siècle, nous en sommes là. Nous inscrivons sur nos frontons la Liberté, l'Égalité, la Fraternité. Nous adorons les Droits de l'homme, les Droits des peuples. C'est comme une religion de la majuscule. Mais les minuscules, qui sont les fantassins, ne s'en portent pas mieux. Sans culottes, ou culottés de rouge, ou culottés de bleu, ils partent tous les vingt ans pour, imposer l'Idée à l'Europe. Et ils reviennent tailladés, boiteux, sanglants. Ou bien ils ne reviennent plus...

Or les communistes ont trouvé qu'il y avait du bon, qu'il y avait à reprendre dans tout ça. À vrai dire, on aurait attendu tout autre chose de ces marxistes, de ces matérialistes, de ces iconoclastes. On aurait attendu que, de même qu'ils jetaient les dieux par terre, ils missent cul par-dessus tête tous les Idéaux, comme d'autres machines à duper les hommes et à les détourner de leurs intérêts concrets. Ç'aurait été dans la logique du système. Mais les chefs ont dû comprendre que l'Idéal est un bon outil de gouvernement. Et le comble est qu'étant au fond des matérialistes en effet, ils ont pu se servir de l'Idéal avec le flegme, avec la science, avec la froide préméditation de quelqu'un qui n'y croit pas. Autrement dit, il y a eu deux temps dans le communisme. Le premier temps a été de négation, de grossier sarcasme, d'ironie féroce contre les divinités, contre les Idéaux en place. Car il fallait d'abord démolir et faire le vide, pour avoir de quoi se faire un règne à soi. Et c'est pourquoi, jusqu'au pouvoir, le communisme a soufflé dans les individus la critique et le doute contre tout ce qui trônait sur l'homme, contre tous les cultes, contre tous les Idéaux, contre tous les régimes, contre toutes les Importances. Il appelait les individus à renier toutes les valeurs, hors la valeur concrète qui est l'homme au travail. Et, ma foi, c'était un assez beau mouvement. Mais, le pouvoir conquis, cela ne pouvait plus durer. Les individus auraient été ingouvernables, s'ils avaient continué à penser que rien ne vaut au-dessus de l'homme et qu'il n'est qu'un devoir au monde qui est d'honorer l'homme réel. Ils n'auraient plus voulu s'asservir à des Importances, ni mourir pour de vagues fumées. Aussi, dès qu'il a été le maître, le communisme est-il devenu idéaliste, comme toutes les Puissances. Il est devenu la plus grosse fabrique d'Idéaux qu'on n'ait jamais vue. Il en a ressuscité, il en a inventé de si nobles, de si dominateurs que tous les individus, à nouveau reconnussent leur petitesse et revinssent à l'agenouillement. De si exaltants, de si héroïques que les individus, à nouveau, se voulussent soldats, et courussent au combat, et fussent prodigues de leur sang, et fussent généreux du sang des autres. De si sévères, de si cruels que les individus, à nouveau, perdissent leur bonté et qu'ils pussent, comme les F.T.P., égaler les horreurs de l'Inquisition, dans le sentiment du devoir accompli. Enfin ils ont ressuscité et inventé de quoi faire, à nouveau, délirer les hommes, de quoi les porter à s'oublier eux-mêmes, de quoi les pousser à mépriser et détester les autres. Ils ont ressuscité la Patrie, la Gloire, la Victoire. Ils ont repris au capitalisme l'Idéal de Produire, du Plan, de crever pour entasser des choses à vendre. Ils ont rajouté le Devoir Prolétaire, la Justice Sociale, la Lutte des

Classes, la Révolution Mondiale, le Socialisme selon saint Marx et je ne sais combien de Paradis Terrestres, pour les temps à venir. Et tout est recommencé. Les hommes, à nouveau, vont comme des hallucinés, insensibles au knout, insoucieux de leurs misères, acceptant toutes les hideurs, trébuchant sur des cadavres, et ils vont, comme cela, sans voir rien d'ici-bas, les yeux fixés au loin, en haut, vers quelque chose qui danse et qui s'enfuit, vers un fantôme qu'ils nomment l'Idéal. C'est la religion qui renaît, à cette différence près que Dieu n'est plus le Dieu-Esprit, et qu'il est seulement l'Idée. Et à cette autre différence qu'il donne plutôt à contempler la haine qui crucifie que l'Amour Crucifié.

C'est cela que je nomme la Grande Réaction. Ce retour en arrière. Ce recul vers les dieux. Et je veux finir par un grand blasphème. Car il me paraît que contre les communistes, contre toutes les tyrannies, contre leur ruse éternelle, qui est de feindre des divinités ou des, Idéaux, très haut au-dessus de l'espèce, pour mieux obtenir l'obédience des individus, il n'y a qu'un moyen d'arracher la victoire. Et c'est d'oser dire, enfin, que de l'idéal, on se fout. Que l'idéal n'est rien que du vent. Que tous les Idéaux du monde n'ont même pas le poids de chair et d'os que fait un tout petit enfant d'homme, aux premiers jours. Et qu'il n'y a rien qui compte, sur la terre, que ce petit être de sang, avec sa merde et son âme, avec cette lueur qui déjà s'allume au coin de l'œil, et avec la certitude qu'on a, rien qu'à le voir, qu'il sera de la race qui marche debout, de la race qui fait des voix, de la race qui a des jeux immortels. D'ailleurs, qui donc porterait les Idées, les Idéaux, s'il n'y avait pas, de par le monde, tous les enfants des hommes ? Car l'Idée, ce n'est pas quelque chose qui tienne en l'air, comme un feu follet. Il y faut de l'homme, de l'homme qui mange, qui boive, qui fasse l'amour. Il n'est pas de concept efficace qui n'ait la puissante odeur de l'espèce. Sans doute cette vérité défrise-t-elle quelques intellectuels distingués. Ils voudraient que l'Idée fût comme une édition de luxe. Mais même l'édition de luxe suppose des lecteurs. Et une idée vraie, une idée qui a de la portée, c'est une édition à gros tirage. Il y faut partout des lecteurs. Et des lecteurs qui soient en même temps comme des auteurs, chacun occupé à repenser l'Idée, à la comprendre, à la planter bien droit et bien dru dans son âme. Sans ça, l'Idée n'est que du fœtus, que du mort-né. Il n'y a donc rien de plus stupide que de faire tuer pour l'idée les porteurs d'idées. Ou que de mettre l'idée par-dessus les porteurs d'idées, jusqu'à les faire se courber et râler de servitude. C'est renverser l'ordre des choses. C'est faire de l'Idée un dieu, et de l'homme sa créature. Mais, au contraire, c'est l'homme qui est dieu, et c'est l'Idée qui est sa créature, en tant que sa création. Et moi, je prédis un temps où l'homme sera le seul dieu, le seul Idéal. Quand je dis l'homme, encore faut-il comprendre que je ne veux pas dire l'Homme avec une majuscule, c'est-à-dire une Idée de l'homme, de l'homme tel qu'il devrait être, et tel que les hommes minuscules devraient se sacrifier encore, pour le réaliser dans un vague futur. Non, car à ce compte, toutes les tyrannies reviendraient. Quand je dis que l'homme sera dieu, je veux dire l'homme en particulier, c'est-à-dire n'importe quel homme présent, comme on en voit dans la rue ou dans l'immeuble, le boueur, par exemple, le charbonnier, l'épicier du coin, le concierge, le fonctionnaire du premier étage, enfin n'importe qui, qui a, comme tous les autres, des yeux qui rêvent et des mains qui font. Et quand je dis que n'importe quel homme sera dieu, je veux dire qu'il, n'y aura plus rien au monde, ni Seigneur dans le ciel, ni Idéal sur la terre, ni Honneur, ni Salut Public, ni rien de vénérablement abstrait qu'on juge au-dessus de cet homme et à quoi on juge que cet homme doive sacrifier quelque chose d'essentiel en lui. Par exemple, il ne sera pas admis que, pour une raison d'État, la vérité soit dérobée à cet homme, ou qu'un peu de sa liberté lui soit ravie. Il ne sera pas admis, non plus, que, sous prétexte de Production ou même sous prétexte de Progrès, cet homme soit obligé à des travaux qui l'abrutissent et qui l'usent, à des travaux qui n'aient pas pour première vertu de favoriser le développement de sa nature et de toutes les ressources d'intelligence et d'invention qui sont en lui. Et je prédis même qu'on verra mieux encore, dans ce temps. Les hommes auront abjuré jusqu'à l'Idée de Révolution, car ils auront compris qu'il n'est pas de constitution ni de lois qui soient si mauvaises qu'il faille, dans l'impatience de les renverser, jeter les peuples dans l'extermination. Ils auront compris qu'il n'est pas de Justice, si haute soit-elle, qui vaille qu'on fasse couler pour elle le sang des hommes justes, ni même qu'on fasse couler pour elle le sang des hommes injustes. Et il n'y aura plus de guerre, enfin. Car les hommes auront aussi abjuré l'idée des Patries, et même s'ils sont encore divisés comme dans des provinces humaines, il sera bien entendu que, d'une province à l'autre, les offenses ne compteront guère, étant faites à des entités générales, et non à des hommes réels. Quant aux offenses d'homme à homme, elles se régleront à la manière ordinaire, avec quelques bourrades et des mots bien choisis, avant la réconciliation devant vin éternel. Je prédis donc un drôle de temps. Certes, il n'est pas pour demain. Il faudra, pour toucher au port, essuyer une dernière tempête, échapper à la dernière réaction : à la pire, c'est-à-dire à la ruée des communistes. Il y aura sans doute encore des camps de concentration, des Drancy, et des Instituts Dentaires, avec des morceaux de cervelle sur les murs. Peut-être les F.T.P. reviendront-ils frapper à ma porte, avec leur petit nègre, s'il leur vient aux oreilles que j'ai jeté ce cri dans la nuit. Mais n'importe ! Le temps viendra. Et moi, par-dessus les derniers dieux, par-dessus les dernières terreurs, je prédis la religion de l'homme.

FIN

DÉJÀ PARUS

Omnia Veritas Ltd présente :

Le silence de Heidegger et le secret de la tragédie juive

par

Roger Dommergue

Poser la question du silence de Heidegger

Un souci de vérité synthétique motive ce long exposé

Omnia Veritas Ltd présente :

J'ai mal de la terre

par

Roger Dommergue

Il ne reste qu'une seule valeur digne d'être exprimée : la souffrance de l'âme et du cœur

... votre diagnostic est compatissant mais implacable

Omnia Veritas Ltd présente :

Vérité et synthèse
La fin des impostures

par

Roger Dommergue

Seul le peuple élu appartient à l'essence même de dieu...

... les autres hommes sont assimilés à des animaux

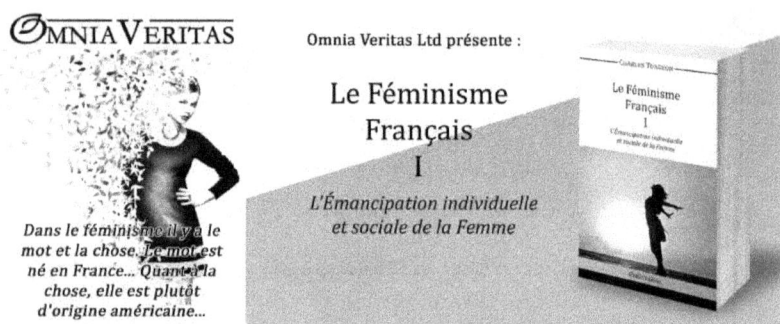

www.omnia-veritas.com

www.ingramcontent.com/pod-product-compliance
Lightning Source LLC
Chambersburg PA
CBHW050137170426
43197CB00011B/1866